现代人力资源开发与管理实践新探

陈佳杰　刘　蛟　雒国彧◎著

线 装 書 局

图书在版编目（CIP）数据

现代人力资源开发与管理实践新探/陈佳杰，刘蛟，
雒国彧著. --北京：线装书局，2024.1
　　ISBN 978-7-5120-5893-4

　　Ⅰ.①现… Ⅱ.①陈… ②刘… ③雒… Ⅲ.①人力资
源开发－研究②人力资源管理－研究 Ⅳ.①F241
②F243

中国国家版本馆 CIP 数据核字(2024)第 040704 号

现代人力资源开发与管理实践新探
XIANDAI RENLI ZIYUAN KAIFA YU GUANLI SHIJIAN XINTAN

作　　者：陈佳杰　刘　蛟　雒国彧
责任编辑：贾彩丽
出版发行：线装書局
　　　　　地　址：北京市丰台区方庄日月天地大厦 B 座 17 层（100078）
　　　　　电　话：010-58077126（发行部）010-58076938（总编室）
　　　　　网　址：www.zgxzsj.com
经　销：新华书店
印　制：北京四海锦诚印刷技术有限公司
开　本：787mm×1092mm　1/16
印　张：12.25
字　数：232千字
版　次：2024年1月第1版第1次印刷
定　价：78.00元

线装书局官方微信

前　言

　　在现代经济社会中，人力资源的质量和数量是企业竞争胜败的关键所在，这已是管理理论界和企业界的共识。加入世贸组织后，尤其是越来越开放的今天，中国的企业面对的是全球企业的竞争，企业的竞争越来越激烈是必然趋势。这既是一种挑战，也是一种机遇。要在严峻的竞争中脱颖而出，唯一的途径就是充分开发、科学管理人力资源。人力资源是企业最宝贵的资源，大凡优秀的企业家都十分重视人力资源的作用，人力资源既然如此重要，那么，什么是人力资源？人力资源的特征是什么？如何开发与管理人力资源？……这些将是本书要探讨的主要内容。

　　本书从现代人力资源开发与管理介绍入手，针对人力资源战略规划、员工招聘、员工培训与开发进行了分析研究，同时对绩效与薪酬管理、职业生涯与员工关系管理做了一定的介绍，还对人力资源开发与管理实践创新做了研究。在新时代背景下，企业要注重经济发展和人力资源管理的有效整合，注重人力资源开发，转变企业观念，做到与时俱进，构建出一套完整的人力资源管理体系。本书较为系统、全面地介绍了人力资源开发与管理的基本知识和基本理论，各章节单独分页，其内容既前后呼应、相互联系，又自成体系，相对独立；既可供读者全面、系统地学习，又便于读者有针对性地查阅与选学。

　　本书参考了大量的相关文献资料，借鉴、引用了诸多专家、学者和教师的研究成果，其主要来源已在参考文献中列出，如有个别遗漏，恳请作者谅解并及时和我们联系。本书写作得到很多专家学者的支持和帮助，在此深表谢意。由于能力有限，时间仓促，虽经多次修改，仍难免有不妥与遗漏之处，恳请专家和读者指正。

目 录

前　言 …………………………………………………………………… 1

第一章　现代人力资源开发与管理 …………………………………… 1

    第一节　人力资源开发与管理概论 ……………………………… 1

    第二节　人力资源计划 …………………………………………… 6

    第三节　工作分析 ………………………………………………… 11

第二章　人力资源战略规划 …………………………………………… 24

    第一节　人力资源战略规划理论 ………………………………… 24

    第二节　企业战略与人力资源战略 ……………………………… 27

    第三节　人力资源战略规划的主要内容 ………………………… 39

    第四节　战略规划的环境分析 …………………………………… 46

第三章　员工招聘 ……………………………………………………… 54

    第一节　员工招聘理论与程序 …………………………………… 54

    第二节　招聘的渠道与方法 ……………………………………… 62

    第三节　员工甄选 ………………………………………………… 67

第四章　员工培训与开发 ……………………………………………… 75

    第一节　培训与开发概述 ………………………………………… 75

    第二节　培训需求与效果 ………………………………………… 81

第三节 培训计划制订与实施 ································ 92

第五章 绩效与薪酬管理 ································ 104

第一节 绩效管理 ································ 104

第二节 薪酬管理 ································ 117

第六章 职业生涯与员工关系管理 ················ 130

第一节 职业生涯管理 ························· 130

第二节 员工关系管理 ························· 139

第七章 人力资源开发与管理实践创新 ·········· 151

第一节 人力资源开发及实践创新 ········ 151

第二节 人力资源招聘创新实践 ··········· 167

第三节 人力资源管理创新探索 ··········· 170

参考文献 ································ 187

第一章　现代人力资源开发与管理

第一节　人力资源开发与管理概论

一、人力资源开发与管理的含义

人力资源的观点起源于 20 世纪 60 年代。人力资源是与自然资源或物质资源相对的概念，是指能够推动特定社会系统或组织发展进步并达成其目标的人员数量和能力的总和。

对这一概念的理解，要把握以下几点：一是人力资源是以人为载体的资源，既包括体力劳动者，也包括脑力劳动者。二是人力资源与其他资源一样，也具有物质性、可用性、有限性、归属性。三是人力资源必须具有功用，即人力资源对其归属的特定社会系统或组织的目标的实现有用。四是人力资源既包括拥有成员数量的多少，也包括拥有成员质量的高低。它是存在于人体中的以体能、知识、技能、能力、个性行为等特征为具体表现的经济资源。

人力资源开发是对"人"这种特殊资源给予发掘、培育和强化，还其本身的价值，使得这种资源为宏观经济运行和微观经济管理产生巨大的效益。人力资源开发理念的出现，使得人力资源的地位进一步得到提升。

从宏观角度看，许多国家都把人口与劳动力的合理规划和生产、对国民教育的投入、促进充分就业、强化社会保障制度、对人才的吸引等多方面的内容，作为大政方针，这大大促进了人的自身利益和社会进步。从微观的角度看，许多现代组织大力对员工进行培训，发挥员工的潜能，实行员工参与管理制度、员工持股制度等，使员工的主人翁地位得到体现，这大大提高了人力资源的经济效益。总之，把人力资源作为主体，对其进行大力开发，其作用是能够使得国家与劳动者、用人组织与员工都得到利益，即获得宏观和微观两方面的双赢。

人既是管理者，也是管理的对象。随着经济社会的发展和管理理论与实践的进步，对人的管理也在逐渐演进。人力资源管理可以分为宏观和微观两个方面。

从人类社会发展的角度看，社会越进步、结构越复杂，人们的活动就越应当理性化，因此，对于社会生活的宏观调控与指导就越重要。宏观的人力资源管理是从社会的角度对人力资源的配置和利用。具体来说，它包含人口家庭计划、教育培训事业、社会就业与个人职业出路、人力资源市场塑造与服务、雇佣制度、劳动关系协调、工资收入调节、人力资源保护、人力资源流动、人力资源管理制度与法规等多方面的内容。宏观的人力资源管理为微观人力资源开发与管理提供了该资源的来源和其他条件，也构成微观组织人力资源开发与管理活动的外部环境。

微观的人力资源开发与管理构成人力资源开发与管理活动的主要部分。20 世纪 90 年代初以来，人力资源管理在美国和一些经济发达国家形成热潮，传统的企业劳动人事管理部门逐渐被人力资源管理部门所取代。以人力资源管理替代劳动人事管理，不仅仅是措辞的不同，而且是有了一系列相当深刻的管理理念、管理方法、管理手段和管理模式的变化，并与整个组织的经营管理哲学的变化密切相关。

二、人力资源开发与管理的特征

从经济社会生活的角度看，现代的人力资源开发与管理都具有立意的战略性、内容的广泛性、主体（管理者）的全员性、对象的目的性、手段的人道性和结果的效益性。经济发达国家的大公司和我国改革开放以来的成功企业在人力资源开发与管理方面明显地反映出上述特征。

（一）生产过程的时代性

不同的时代对人才需求的特点不同，在其形成的过程中就会受到外界环境的影响，从而造就不同时代特点的人力资源开发与管理。

（二）开发对象的能动性

人力资源在经济活动中是居于主导地位的能动性资源，这与自然资源在开发过程的被动地位截然相反。人有意识、有目的地进行活动，能主动调节与外部的关系，具有目的性、主观能动性和社会意识性，即人类能够根据外部可能性和自身的条件、愿望，有目的地确定经济活动的方向，并根据这一方向具体地选择、运用外部资源，对其能动性调动的情况，直接决定着开发的程度、达到的水平。能动性也是人力资源创造性的体现。

（三）使用过程的时效性

人力资源的形成、开发、使用都具有时间方面的制约性。个体具有生命周期，能够从事劳动的自然时间被限定在其生命周期的中间一段，不同的年龄阶段劳动能力各不相同。无论哪类人，都有其最佳年龄阶段和才能发挥的最佳期。

（四）开发过程的持续性

物质资源一次开发形成最终产品后，一般不需要持续开发，但人力资源与物质资源不同，需要多次开发，多次使用。知识经济时代，科技发展日新月异，知识更新速度非常快，人力资源一次获取的知识能量不能够维持整个使用过程。随着技术的进步、社会的发展，人需要不断地补充知识，即人工作之后，需要不断学习，继续充实和提高自己，可以通过发挥自己的知识和智力创造工具，使自己的器官功能得到延伸和扩大，从而增强自身能力，因此人力资源开发必须持续进行。

（五）闲置过程的消耗性

人力资源是具有两重性的，它既是价值的创造者，又是资源的消耗者。人力资源需要维持生命必不可少的消耗，同时又具有使用过程的时效性。资源闲置，无论是对组织还是对个体都是一种浪费。

（六）组织过程的社会性

人力资源活动是在特定社会组织中的群体活动。在高度社会化大生产的条件下，个体要通过一定的群体来发挥作用，合理的群体组织结构将有助于个体的成长及其作用的高效发挥。人力资源的形成、使用与开发受到社会因素的影响，包括历史、文化、教育等多方面，因此，人力资源是一种社会资源，而不是局限于某一个经济组织内部的。

三、人力资源开发与管理的意义

当今，人在组织发展和提高竞争力方面的作用也越来越重要，因而人力资源开发与管理的意义就凸显出来，具体表现如下：

（一）有利于组织竞争能力的提高

人是创造价值的源泉，知识、技能、才智等都蕴含于人这一载体中而不能独立存在，因此人力资源是组织拥有的特殊资源。在知识经济时代，竞争力来自于不能被仿制的、具有创新性的能力，而这恰恰是人力资源的重要特点。组织管理层的决策越来越多地受到人力资源的影响，从而使人力资源管理被纳入组织战略规划之中，成为关乎组织竞争力的重要因素。

（二）有利于吸引人才、调动员工的积极性

任何人都想掌握自己的命运，但组织的目标、价值观念是什么，自己适合做什么，岗位职责是什么，自己如何有效地融入组织中并结合企业组织目标开发自己的潜能、发挥自己的能力、设计自己的职业人生等，这些都是每个员工十分关心而又深感困惑的问题。有效的人力资源管理，能够发现员工的特点并充分发挥其专长，给予员工尊重，满足员工发展的需要，为员工提供职业发展的服务。这样做既能够吸引外部人才加入到组织中来，又能够通过对现有员工不同层次需要的满足，充分调动员工的积极性，使员工安心工作，忠诚于自己的组织，主动地实现组织目标。

（三）有利于组织目标的实现

组织目标是由人制定、实施和控制的，而组织的管理者是通过别人或同别人一起实现工作目标的。只有通过合理组织人力资源，不断协调人与人之间、人与物之间的关系，才能充分利用现有的人、财、物等各种资源，使之在生产经营过程中最大限度地发挥作用，并在空间和时间上达到最佳配置，保证生产经营活动有条不紊地进行。但人与物的关系最终表现为人与人的关系，任何资源的分配、协调实际上都是以人为中心的。因此，人力资源的合理利用对组织的整体业绩的改善、目标的实现具有重要的意义。

（四）有利于科学、规范的组织制度的制定与执行

科学、规范的组织制度是现代企业良性运转的重要保证，而人是制度的制定者和执行者。缺乏优秀的管理者和优秀的员工，难以制定出合理的组织制度或保证组织制度的有效执行。因此，通过有效的人力资源管理，加强对企业人力资源的开发和利用，搞好员工培训教育工作，是科学、规范的组织制度的制定和执行的保证，是现代企业由传统管理向科学管理转变的不可缺少的组成部分。

四、人力资源开发与管理的环境

（一）人力资源开发与管理的公共环境

我们从总体上把影响人力资源开发与管理的诸多的社会大环境因素即公共环境，归结为政治、经济、社会、技术4个基本方面。

1. 政治因素

一个国家的政治制度、经济社会发展规则、经济政策和产业政策、社会法制状况、国家的劳动立法、政府人力资源开发与管理及有关方面的规章制度、工会发展状况等，对组织的人力资源开发与管理都有相当大的影响。

2. 经济因素

经济因素对于人力资源开发与管理的影响是直接的，也是非常重大的。具体来说，一个国家的经济增长水平、各个产业的发展状况、社会投资状况、就业状况、通货膨胀状况、进出口状况、社会工资水平与收入差距情况、市场与居民消费状况等，都对人力资源开发与管理有影响。特别是经济中的竞争对人力资源开发与管理的影响更大，因为竞争状况直接决定了各个组织的人力资源管理理念与用人模式。

3. 社会因素

人是生活在社会中的，社会的文化价值观与人的职业观念、道德水平等都会对人力资源开发与管理产生影响。例如，具有"忠"文化的日本，在组织管理中就有终身雇佣、年功序列工资、家族主义和企业工会制度等特征。

4. 技术因素

一个社会的技术水平对人力资源开发与管理也有一定的影响，因为技术本身就和人力资源一起构成生产要素，在组织的资源配置中成为相互关联的一对要素，组织可以就此进行选择与替代，而技术的进步要求组织提供教育培训，以提高现有人力资源的素质，或者对其个体进行更换。在技术更新速度快的情况下，会导致人力资源的较大流动。此外，现代技术的发展，直接为人力资源开发与管理提供了先进的手段。

（二）人力资源开发与管理的组织环境

人力资源开发与管理的组织环境大体分为市场环境和内部环境，相当于一个组织环境是由外部环境和内部环境共同构成的。

1. 人力资源开发与管理的市场环境

微观组织的人力资源开发与管理活动，是从市场中获得人力资源开始的，因此人力资源市场状况也就成为各个组织进行人力资源开发与管理的前提条件，进一步来说，组织的人力资源市场格局，即组织处于买方市场还是卖方市场，对其人力资源开发与管理的工作内容、组织机构、理念模式、管理手段和技术方法的选择都有重大的影响。

2. 人力资源开发与管理的内部环境

在组织内部也有多种影响人力资源开发与管理的因素，包括一个组织的结构、组织制度与组织文化、组织的发展战略、业务性质特点、组织的员工结构、领导者的水平和管理风格、组织内部的劳动关系因素等。例如，在一个从事市场营销工作的组织，采取目标管理模式比以出勤打卡制度进行管理更为适宜。

第二节　人力资源计划

一、人力资源计划概述

人力资源计划（human resource plan，HRP）是人力资源开发与管理的重要部分。每一位企业家都知道，做事如果没有计划，成功的可能性就很小，即使成功也是盲目的。同样道理，要成功地进行人力资源开发与管理，制定适当的人力资源计划是至关重要的。

（一）什么是人力资源计划

人力资源计划是指为了达到企业的战略目标与战术目标，根据企业目前的人力资源状况，为了满足未来一段时间内企业的人力资源质量和数量方面的需要，决定引进、保持、提高、流出人力资源所作的预测和相关事项。

1. 人力资源计划的类型

人力资源计划的类型有许多种，其中主要有：人事计划、人力资源计划、战略人力资源计划和战术人力资源计划。

（1）人事计划

又称劳动力计划，主要涉及员工的招聘和解雇，是一种古典式的人力资源计划，由于没有重点考虑人力资源的保留与提高，因此很难达到企业的目标。因此，在现代企业中较少运用。

（2）人力资源计划

又称现代人力资源计划，它的特点是全面考虑企业的需求，同时关注企业人力资源的引进、保留、提高和流出四个环节，因此能较好地达成组织目标。

（3）战略人力资源计划

主要是指三年以上的人力资源计划。企业为了长远发展，较多地考虑宏观的影响因素，主要是为了达到企业的战略目标而制定的人力资源计划，在一个战略人力资源计划中常常包含若干个战术人力资源计划。

（4）战术人力资源计划

主要是指三年以内的人力资源计划，常常又称之为年度人力资源计划。企业为了目前的发展，较多地考虑微观的影响因素，主要是为了达到企业的战术目标而制定的人力资源计划。

2. 谁负责制定人力资源计划

一般认为，人力资源部负责制定人力资源计划。其实不然，制定人力资源计划涉及高层管理人员、人力资源部人员、其他职能部门管理人员以及相关的管理专家。

3. 何时制定人力资源计划

制定战略人力资源计划的时间并不固定，往往在确定了企业战略目标之后，又掌握了足够的信息才开始制定。一般制定后三年修改一次。

年度人力资源计划应年年制定。为了得到足够的反馈并更正确地执行，许多大企业往往在七月就开始启动制定明年的人力资源计划，一般在当年的十月份完成制定任务，后两个月可作沟通与反馈，以利于该人力资源计划的实施。

（二）人力资源计划的意义及其影响因素

1. 人力资源计划的意义

人力资源计划主要有以下一些重要意义：（1）在人力资源方面确保实施企业的目标；（2）具体规定了在人力资源方面需要做哪些事项；（3）对企业需要的人力资源作适当的储备；（4）对企业紧缺的人力资源发出引进与培训的预警；（5）使管理层与员工对要达到的人力资源开发与管理的目标更加清晰。

2. 影响人力资源计划的因素

有许多因素均影响到人力资源计划，其中主要有以下一些：

（1）宏观经济剧变

例如，由计划经济转变为市场经济、地区性的金融危机、人口流动迅速增加，等等。

（2）企业管理层变更

企业由于高层管理人员的变化，会使企业的战略目标发生变化，进而影响到企业的人力资源计划。

（3）政府的政策法规

政府由于各种需要，制定、修订或取消一些政策法规进而影响到企业的人力资源计划，例如：外来人员的用工制度、工资最低限制线、员工的保险制度，等等。

（4）技术创新换代

市场的竞争极大地推动了技术发展，电脑的广泛使用，以及一些新技术的推广会出乎人们的预料，这样会改变企业中原来的人力资源需求与供应，进而影响人力资源计划。

（5）企业的经营状况

一旦企业的经营状况不佳，或者明显好于预想，也可能影响企业的人力资源计划。

（6）企业的人力资源部门人员的素质

一个企业的人力资源计划在一定程度上反映了该企业人力资源部门人员的素质，反之，人力资源部门人员素质的高低，当然也会影响人力资源计划。

二、人力资源计划的制定与执行

（一）人力资源政策的制定

人力资源计划中的一项重要内容是人力资源政策。企业的人力资源政策是根据不同情景而灵活制定的，情景主要有两种：人力资源短缺和人力资源富余。

1. 人力资源短缺时的政策制定

当企业人力资源短缺时，应制定以下政策来弥补人力资源的不足：

（1）把内部一些富余人员安排到一些人员短缺的岗位上去；（2）培训一些内部员工，使他们能胜任人员短缺且很重要的岗位；（3）鼓励员工合法地加班加点；（4）提高员工的效率；（5）聘用一些兼职人员；（6）聘用一些临时的全职人员；（7）聘用一些正式员工；（8）把一部分工作转包给其他公司；（9）减少工作量（或产量、销量等）；（10）添置新设备，用设备来弥补人员的短缺。

以上的政策，其中（1）、（2）、（3）、（4）是内部挖掘潜力。虽然也要增加一些成本，例如增加工资、奖金、福利等，但相对代价较低，有利于企业的长期发展，是企业首选的政策。

其中（5）、（6）、（7）属于中策，当内部挖掘潜力已相当充分时，不妨运用一下，但也要谨慎。

其中（8）、（9）属于较消极的政策，不仅代价大，而且不利于企业的发展，不到万不得已，绝不轻易使用。最后的（10）可以根据企业的发展的情况使用。

2. 人力资源富余时的政策制定

当企业人力资源富余时，应该制定以下政策来克服人力资源的多余：

（1）扩大有效业务量，如提高销量、提高产品质量、改进售后服务等；（2）培训员工，由于人力资源富余，一部分员工可以通过培训来提高自己的素质、技能和知识，以利于他们走上新的工作岗位；（3）鼓励提前退休；（4）降低工资；（5）减少福利；（6）鼓励员工辞职；（7）减少每个人的工作时间；（8）临时下岗；（9）辞退员工；（10）关闭一些子公司。

以上的政策，其中（1）、（2）是相当积极的，但许多企业不一定能做到，这是对企业家的一种挑战，可以把人员富余的危机当作一次企业发展的机会。

其中的（3）、（4）、（5）、（6）、（7）、（8）均属于中策，在企业中运用最多，也较易起作用。

其中的（9）、（10）是十分消极的，但在紧急关头也不得不用，因为这种舍卒保车的措施毕竟可以使企业渡过难关，以利于以后发展。

（二）制定人力资源计划

1. 计划的时间段

要具体写出从何时开始，至何时结束，如果是一份战略性的人力资源计划，可以长达十年以上；如果是一份年度人力资源计划，则以一年为期限。

2. 计划达到的目标

只有首先明确目标，才能指明行动的方向，人力资源计划也要围绕一定的目标展开。目标的制定要从组织的整体战略出发，用人力资源支持组织战略的实现。此外，制定的目标还要清晰具体，且有一定的难度。

明确目标后，围绕该目标，制定人力资源计划要遵循三个原则：

（1）实践原则

人力资源计划要与企业的目标紧密联系起来，因为人力资源计划是一种局部性计划，它一定要为企业的目标服务。

（2）具体原则

人力资源计划应避免泛泛而谈，最好要有具体数据。

（3）简洁原则

人力资源计划不应太繁复，要简明扼要，使人们容易记忆、容易实施。

3. 目前情景分析

这主要在收集信息的基础上，分析企业目前人力资源的供需状况，指出制定该计划的依据。

4. 未来情景预测

这主要在收集信息的基础上，在计划的时间段内，预测企业未来的人力资源供需状况，进一步指出制定该计划的依据。

5．具体内容

这是人力资源计划的核心，涉及的方面较多，例如工作分析的启动、新的员工绩效评估系统、改进报酬系统、计划中的培训工作、该推行的员工职业计划、招聘方案、促进人员流动方案，等等。每一方面都要写上以下六个内容。

（1）具体内容

要十分具体，不要仅仅写上：招聘人员，还要写上：ABC 公司招聘八位部门经理或副经理级人才。

（2）执行时间

写上从启动到完成的日期，例如：2023 年 6 月 1 日至 2023 年 7 月 31 日。

（3）负责人

即负责执行该具体项目的负责人，例如：人力资源部经理赵小舟先生。

（4）检查人

即负责检查该项目的执行情况的人，例如：分管人力资源的副总经理张大卫先生。

（5）检查日期

写上检查的具体日期与时间，例如：2023 年 7 月 31 日上午 9 点。

（6）预算

写上每一项内容的具体预算，例如：人民币贰拾万元整。

6．计划制定者

计划制定者可以是一个人（如人力资源部经理赵小舟先生），也可以是一个群体（如 ABC 公司董事会），也可以包含个人与群体（如 ABC 公司人力资源部经理赵小舟先生草拟，由董事会通过）。

7．计划制定时间

主要指该计划正式确定的日期，例如：董事会通过的日期、总经理批准的日期，或总经理工作会议通过的日期。

（三）执行人力资源计划

执行人力资源计划是最后的十分重要的一环。如果前面的计划定得十分理想，但是在执行过程中出了问题将前功尽弃。

执行人力资源计划主要包括四个步骤：实施、检查、反馈、修正。

1．实施

实施是最重要的步骤。在实施过程中要注意以下三点：（1）在实施前要做好准备工作；（2）不折不扣地按计划执行；（3）实施时要全力以赴。

2. 检查

检查是不可缺少的步骤，许多企业在执行人力资源计划时由于缺少检查而产生不少问题。例如，使实施流于形式，实施缺少必要的压力，不能掌握第一手信息等。

检查者最好是实施者的上级，至少是平级，切忌是实施者本人或实施者下级。检查前，检查者要列出检查提纲，明确检查目的与检查内容。检查时，检查者要根据提纲逐条检查，千万不要随心所欲或敷衍了事。检查后，检查者要及时地真实地与实施者沟通检查结果，以利于激励实施者，使之以后更好地实施项目。

3. 反馈

反馈是执行人力资源计划中的一个重要步骤，通过反馈，我们可以知道原来计划中的内容哪些是正确的，哪些是错误的，哪些不够全面，哪些不符合实际情况，哪些需要加强，哪些需要引起注意等重要信息。

反馈中最主要的一点是保持信息的真实性。由于环境和个体的不同，许多信息不一定真实，因此去伪存真、去粗取精显得格外重要。

反馈可以由实施者进行，也可以由检查者进行，也可以由两者共同进行。

4. 修正

修正是最后一个步骤。谁也不能保证人力资源计划一经制定后就完全正确。

因此，根据环境的变化，根据实际情况的变化，根据实施中的反馈信息，及时修正原计划中的一些项目十分必要。

一般来说，修正一些小的项目，或修正一些项目中的局部内容，涉及面不会很大。但如果要修正一些大的项目，或对原计划中的许多项目要进行修正，或者对预算要作较大的修正，往往要经过最高管理层的同意。

第三节　工作分析

一、工作分析概述

（一）工作分析中的术语

工作分析有许多专业术语，这些术语在日常工作中常常使用，但其确切含义并非人人都知道。以下简单介绍工作分析中的主要术语。

1. 工作要素

工作中不能再继续分解的最小动作单位。例如：削铅笔、从抽屉中拿出文件、盖上瓶盖等等都是工作要素。

2. 任务

为了达到某种目的所从事的一系列活动。它可以由一至多个工作要素组成。例如：包装工人盖上瓶盖就是一项任务，打字员打字也是一项任务。

3. 责任

个体在工作岗位上需要完成的大部分任务。它可以由一至多个任务组成。例如：打字员的责任包括打字、校对、简单维修机器等一系列任务。

4. 职位

在一定时期内，组织要求个体完成的一至多项责任。一般来说，职位与个体是一一匹配的，也就是有多少职位就有多少人，两者数量相等。例如，市场部经理。

5. 职务

一组重要责任相似的职位，根据组织规模的大小和工作性质，一种职务可以有一至多个职位。例如，副总经理。

6. 职业

在不同组织、在不同时间，从事相似活动的一系列工作的总称。有时与行业混用，例如，教师、工程师、工人、农民等都是职业。

7. 工作族

又称工作类型，是指两个或两个以上的职业相似一组工作。例如：文字工作、体力工作等都是工作族。

（二）工作分析的基本定义

所谓工作分析，是指对某特定的工作职位作出明确规定，并确定完成这一工作需要有什么样的行为的过程。工作分析由工作描述和工作说明书两大部分组成。

1. 工作描述

工作描述具体说明了某一工作职位的物质特点和环境特点，主要包括以下五个方面。

（1）职位名称

指组织对从事一定工作活动所规定的职位名称或职位代号，以便于对各种工作进行识别、登记、分类以及确定组织内外的各种工作关系。

（2）工作活动和工作程序

包括所要完成的工作任务、工作责任、使用的原材料和机器设备、工作流程、与其他人的正式工作关系、接受监督以及进行监督的性质和内容。

（3）工作条件和物理环境，包括工作地点的温度、光线、湿度、噪音、安全条件、地理位置、室内或室外，等等。

（4）社会环境

包括工作群体中的人数、完成工作所要求的人际交往的数量和程度、各部门之间的关系、工作点内外的文化设施、社会习俗，等等。

（5）聘用条件

包括工作时数、工资结构、支付工资的方法、福利待遇、该工作在组织中的正式位置、晋升的机会、工作的季节性、进修的机会，等等。

2. 工作说明书

工作说明书又称职位要求，要求说明从事某项工作职位的人员必须具备的生理要求和心理要求。主要包括以下三个方面。

（1）一般要求

主要包括年龄、性别、学历、工作经验，等等。

（2）生理要求

主要包括健康状况、力量和体力、运动的灵活性、感觉器官的灵敏度，等等。

（3）心理要求

主要包括观察能力、记忆能力、理解能力、学习能力、解决问题能力、创造性、数学计算能力、语言表达能力、决策能力、特殊能力、性格、气质、兴趣爱好、态度、事业心、合作性、领导能力，等等。

（三）工作分析的意义

1. 为人事决策奠定坚定的基础

全面而深入的工作分析，可以使组织充分了解各工作职位的具体内容，以及对工作人员的身心要求，从而为正确的人事决策提供科学依据。

2. 避免人力资源的浪费

通过工作分析，企业中每个人（从董事长到清洁工）的职责分明，提高了个人和部门的工作效率与和谐性，从而避免工作重叠、劳动重复等等浪费现象。

3. 科学评价员工业绩

通过工作分析，每一种职位的内容都明确界定，员工应该做什么、不应该做什么，应该达到什么要求，都一目了然。这样，以工作分析为根据对员工实绩进行评价就能比较合理，比较公平，从而达到科学评价员工业绩的目的。

4. 人尽其才

工作分析明确地指明哪种工作职位需要什么样的人才，这样可以把"大材小用"或"小材大用"的现象尽量减少，在招聘和晋升中可以使最适当的人员得到最适当的职位。

5. 有效地激励员工

工作分析可以在训练、职业开发、安全、工资、奖金、人际关系、员工咨询等方面提供建设性意见，组织可以在工作分析基础上了解到员工工作的各种信息，以便全方位地有效激励员工。

（四）工作分析的程序

1. 准备阶段

准备阶段是工作分析的第一阶段，主要任务是了解情况，确定样本，建立关系，组成工作小组。具体工作如下：（1）明确工作分析的意义、目的、方法、步骤；（2）向有关人员宣传、解释；（3）与工作分析有关工作的员工建立良好的人际关系，并使他们作好良好的心理准备；（4）以精干、高效为原则，组成工作小组；（5）确定调查和分析对象的样本，同时考虑样本的代表性；（6）把各项工作分解成若干工作元素和环节，确定工作的基本难度。

2. 调查阶段

调查阶段是工作分析的第二阶段，主要任务是对整个工作过程、工作环境、工作内容和工作人员等主要方面作一个全面的调查，具体工作如下：（1）编制各种调查问卷和提纲；（2）灵活运用各种调查方法，如面谈法、问卷法、观察法、参与法、实验法、关键事件法，等等；（3）广泛收集有关工作的特征以及需要的各种数据；（4）重点收集工作人员必需的特征信息；（5）要求被调查的员工对各种工作特征和工作人员特征的重要性和发生频率等作出等级评定。

3. 分析阶段

分析阶段是工作分析的第三阶段，主要任务是对有关工作特征和工作人员特征的调查结果进行深入全面的分析。具体工作如下：（1）仔细审核已收集到的各种信息；（2）创造性地分析、发现有关工作和工作人员的关键成分；（3）归纳、总结出工作分析的必需材料和要素。

4. 完成阶段

完成阶段是工作分析的最后阶段，前三个阶段的工作都是为了达到此阶段作为目标的，此阶段的任务就是根据规范和信息编制"工作描述"和"工作说明书"。

二、收集工作信息的主要方法

（一）问卷法

利用已编制的问卷，要求被试者填写来获取有关工作的信息是一种快速而有效的方法，一般要求被试者对各种工作行为、工作特征和工作人员特征的重要性和频率评定等级。

问卷法主要可以分为两种：一般工作分析问卷法和指定工作分析问卷法。

1. 一般工作分析问卷法

这种方法适合于各种工作，问卷内容具有普遍性。

2. 指定工作分析问卷法

这种方法适合于每一种指定的工作，问卷内容具有特殊性，一张问卷只适用于一种工作。

（二）观察法

观察法是指在工作现场运用感觉器官或其他工具，观察员工的实际工作运作，用文字或图表形式记录下来，以收集工作信息的一种方法。

观察法的操作原则：（1）观察的工作应相对静止，即在一段时间内，工作内容、工作程序、对工作人员的要求不会发生明显的变化。（2）适用于大量标准化的、周期短的体力活动为主的工作。（3）要注意工作行为样本的代表性，有时候，有些行为在观察过程中可能无法表现出来。（4）观察人员应尽可能避免引起被观察者的注意，至少不应干扰被观察者的工作。（5）不适用于以智力活动为主的工作。（6）观察前要有详细的观察提纲和行为标准。

（三）实验法

实验法是指主试控制一些变量，引起其他相应变量的变化来收集工作信息的一种方法。实验法主要可以分为两种：实验室实验法和现场实验法，其主要区别在于实验的地点是在实验室还是在工作现场。企业中比较常用的是现场实验法。

1. 实验法的操作原则

（1）尽可能获得被试者的配合；（2）严格控制各种变量；（3）设计要严密；（4）变量变化要符合实际情况；（5）不能伤害被试者。

2. 实验法的具体操作

装卸工装卸货车上的货物，一般是四个人合作，30分钟可以装满一辆十吨的货车。在实验法中，先由两个人合作，再由三个人合作，最后由五个人合作，任务都是装满一辆十吨的货车，看结果各用了多少分钟，其中哪一个组合效率最高。

其中，合作人数的变化是自变量，装货时间的变化是因变量。

（四）参与法

参与法是指工作分析人员（即主试）通过直接参与某项工作，从而细致地深入地体验、了解、分析工作的特点和要求。参与法可以克服一些有经验的员工并不总是很了解自己完成任务的方式的缺点，也可以克服有些员工不善于表述的缺点。另外，可以弥补一些观察不到的内容。

但是参与法的缺点也很明显，因为现代企业中的许多工作高度专业化，主试往往不具备从事某项工作的知识和技能，因此就无法参与。

参与法适用于一些比较简单的工作的工作分析，或者与其他方法结合起来运用。

三、工作分析中各种信息类型与标准

在工作分析中我们要涉及许多有关工作描述和工作说明书的信息，一旦我们对这些信息的类型和标准了解后，就能科学地进行客观的工作分析。

有关工作分析的信息很多，这里只能介绍一些主要的信息，全部的工作分析信息可扫二维码查看。

（一）工作描述中主要信息的类型与标准

1. 工作环境，代号EC

（1）工作地点

①室内（代号I），指75%以上的工作时间在室内，不受气候影响，但并不一定不受温度变化的影响。②室外（代号O），指75%以上的工作时间在室外，无法避免气候影响。③室内外（代号B），指工作时间在室内与室外的时间大致相等。

（2）严寒与低温变化

①严寒（代号 C），指温度十分低，工作人员除非有特殊保护，否则将引起明显的身体不适反应。②低温变化（代号 CC），指温度较低，而且变化十分悬殊和突然，不注意保护好，工作人员将引起严重的生理反应。

（3）酷热与高温变化

①酷热（代号 H），指温度十分高，工作人员除非有特殊保护，否则将引起明显的身体不适反应。②高温变化（代号 HC），指温度较高，而且变化十分悬殊和突然，不注意保护时，工作人员将引起严重的生理反应。

（4）潮湿与湿度

①潮湿（代号 M），指工作时需接触水或其他液体，足以引起明显的身体不适。②湿度（代号 HV），指工作环境的空气中含有大量水分，足以引起明显的身体不适。

（5）噪音与震动

①噪音（代号 N），指经常性或间断性的高分贝声音，如果不注意保护，足以损害工作人员的听觉。②震动（代号 Q），指经常性或间断性的强烈震动，如果不注意保护，有可能引起明显的注意力分散和身体不适。

（6）危险（代号 D）

指个体在工作时冒着身体受损伤或者生命危险的风险。

（7）空气状况

①烟（代号 S），指燃烧或化学反应时排出的气体，通常有气味。②毒气（代号 SA），指有毒或有害的气体。③灰尘（代号 D），指空气中充满微粒，如纤维、尘埃、面粉、木屑、皮革、羽毛、石粉等等，不注意保护，易引起身体不适。

2. 工作对象，代号 DPT

有关工作对象的信息主要有三类：数据、人和物。

（1）数据（代号 D）

数据是指通过观察、调查、解释、想象和创造而获得有关人、事、物的信息、知识和概念。数据不是自然界的实物。可以分为两大类：书面数据，以数字、文字或符号形式出现；其他数据，以思想、概念或口头语言形式出现。

①综合。指将数据分析结果加以综合，以便发现事实或/和发展知识、概念、假设或解释。②协调。指根据对数据的分析，确定时间、地点并采取一系列行为。③分析。指检查与估计数据。根据估计一般都提出可供选择的决策方案。④编辑。指汇集、整理数据。通常以物理方法进行编辑，有时也可以以心理方法进行编辑。在编辑中，往往对各种信息

加以分类，并根据信息确定一个方案。⑤计算。指进行数学运算，不包含计数。根据运算结果往往确定或/和采取一个方案。⑥复制。指转录、登记、抄写数据。⑦比较。指找出有关数据的相同点与相异点。⑧其他。指以上内容以外的内容。

（2）人（代号P）

人主要是指人本身，有时也可包括动物。

①指导，指以尊重对方全部人格的态度来对待个体，并给以劝告、咨询，并帮助个体用法律、自然科学、心理学、医学等知识和原理来解决问题。②协商。指与他人交换思想、信息与意见，制定政策、计划并共同达成协议、结论或决定。③教授。指给别人讲课，或通过讲解、示范、监督来实施训练他人（包括训练动物），或根据科学原理进行介绍或阐述。④监督。指给一至多人安排工作程序，分配任务，检查他们的工作，并使他们协调一致，提高工作效率。⑤接待。指款待他人。⑥劝说。指使他人对某种产品、某种服务、某种观点、某种建议产生好感。⑦口头指示。指与人交谈或通过表情向对方传达信息，包括给助手分配任务、指明方向，但不包括闲聊。⑧服务。指满足人（或动物）的需要，照顾人们表示的或暗示的愿望。⑨其他。指以上内容以外的内容。

（3）物（代号T）

物是指区别于人（或动物）的无生命事物。主要涉及物质、材料、机器、工具、设备、产品等。物与数据的主要区别是：物是可以触摸到的，具有形状、大小、式样等物理特性。

①安装。指通过替换或改动工具、夹具、固定装置或附件来调整机器或设备，使其发挥正常功能，或使其改变功能，或在损坏时恢复其原有功能，也包括为他人多操作一部或多部机器，或一个人操作多种机器。②精密劳动。指用身体某一部位和/或用工具、辅助设备转动、移动、放置、管理物体或材料，以便达到规定的标准，需要选择适当的部位、合适的工具、物体或材料，需要按任何调整工具，也需要作出相应的判断。③操作一控制。指启动、关闭电源或开关来控制或调整机器、设备的进度或速度，这些机器和设备一般是为了制造或加工物件、材料而设计制造的，操作机器包括开动机器，在运行中调整机器和材料，控制设备包括观察仪器、刻度表与其他指标器；转动阀门和其他装置来控制温度、压力、液体流量、泵的速度、材料的反应等。一般来说，调整机器比看管机器更为经常。④驾驶一操作。指启动、关闭、控制机器或设备的运行，使其沿街道或公路行驶。包括观察仪器与刻度表；估计距离并确定其他物体的方位、速度；转动摇把或轮子，扳动离合器和制动闸；推拉排挡或操纵杆。机器设备中除了汽车、火车等交通工具外，还包括起重机、装载机、拖拉机、传递系统、熔炉装料机、铺路机、卷扬机等等。不包括人力推动

的机器和电力助动机，如电动自行车、电动小推车等等。⑤技巧一操作。指运用身体的某一部分（一般用手）、手工工具或专用设备转动、移动、放置、管理物件或材料。要求有相当的手工技巧，以及眼、手密切配合。需要对精确度有正确的判断，并要善于选择合适的工具、物体和材料。⑥照管。指启动、关闭并观察机器或设备的运行。包括调整机器的材料或控制，如更换导管、调整定时器或温度计；转动阀门使材料通过；根据指示按开关。进行这些调整时几乎不需要作出什么判断。⑦喂料一产出。指把材料插入、投入、倒入或放入机器和设备中，或者把材料从机器和设备中取出。这些机器和设备往往自动化程度很高，或者是由其他人员看管或操作的。⑧搬动。指用身体某一部位、简单工具和/或专用设备转动、移动或携带物体或材料。一般不需要选择工具也不需对原料作出判断。⑨其他。指以上内容以外的内容。

（二）工作说明书中主要信息的类型与标准

1. 体力活动（代号 PA）

体力活动是指该工作对体力的要求，也说明工作人员为了能胜任这项工作应具备的体力。

（1）体力强度

主要指个体在举、提、推、拉时的体力强度。

①办公室劳动（代号 S），物体重量 5 公斤以内，是以坐着为主的工作，有时需要走动或站立，或举起、搬动文件、账簿、小工具，等等。②轻体力劳动（代号 L），物体重量 10 公斤以内，经常要举起或/和搬动重 5 公斤的物体。有时物体重量虽不重，但需要长时间走动或站立，或者大部分时间坐着，需用手臂或/和腿来控制推和拉。③中等体力劳动（代号 M），物体重量 25 公斤以内，经常要举起或/和搬动重达 10 公斤的物体，需要长时间走动或站立，或者大部分时间坐着用手臂或/和腿来控制推和拉。④重体力劳动（代号 H），物体重量 50 公斤以内，经常要举起或/和搬动重达 25 公斤的物体。⑤特重体力劳动（代号 VH），物体重量 50 公斤以上，经常要举起或/和搬动重达 25 公斤以上的物体。

（2）爬与平衡

爬主要强调身体的敏捷性；平衡主要强调身体要保持平衡。①爬（代号 C），指用脚或脚和手上下梯子、阶梯、脚手架、斜坡、柱杆、绳索等。②平衡（代号 B），指在狭窄、光滑、不规则活动的表面上行走、站立、下蹲、起立时保持身体平衡，以免跌倒。

（3）身体技巧

指自由自在地控制身体各部分的能力。①弯腰（代号 B）。指用腰椎将身体向下或向前弯曲。②跪倒（代号 K），指双腿在膝部弯曲，用膝部来支撑全身。③蹲伏（代号 S），指双腿弯曲，和脊柱一起把身体向下向前弯曲，重量由双脚支撑。④匍匐（代号 C），指用手和膝盖，或用手或脚来移动身体。

（4）手动技巧

主要指运用一只手或两只手的各种活动。①伸手过肩（代号 S），指用双手和双臂向任一方向伸开，并超过肩膀。②伸手不过肩，代号 US），指用双手和双臂向任一方向伸开，但不超过肩膀。③拣拔（代号 P），指主要用手指来做拣、拔、夹等动作。④感觉（代号 PC），指用皮肤，特别是用手指尖的皮肤内的神经末梢来感受物体或材料的物理特性，如大小形状、温度、硬度、光滑度等等。

（5）说（代号 SP）

指用口头语言表达思想、交流信息。在某些活动中，说是很重要的，如向顾客或公众口头传递信息；向其他员工正确、高声、迅速地传达各种指示。

（6）听（代号 L）

主要指用耳朵来感知声音并理解声音的含义，在某些活动中，听是十分重要的。在这些活动中，需要具有通过口头交往来获得信息的能力，或者需要精细地辨别声音的能力。

（7）看（代号 LO）

指用眼睛来感知物体的形状、大小、距离、动作、色彩或其他物理特性。①远距眼力（代号 LL），视力清晰度达 6 米以上。②近距眼力（代号 SL），视力清晰度在 6 米以下。③知觉深度（代号 PT），又称三维视力，或立体视力。指有判断距离与空间点、线、面的能力，可以看清物体在何处。④视力调节（代号 VR），指在从事离眼较近或距离变化不定的工作时，要调节眼睛中的水晶体，以便看清物体。⑤辨色力（代号 DC），指鉴别颜色的能力。⑥视野（代号 VF），指当眼睛固定在某一点时，向上、下、左、右可以看到的范围。

（8）控制（代号 C）

指用身体的某一部位与眼、耳配合来控制、操作机器。①手控制（代号 HC），指只用手和手臂来控制、操作机器。②足控制（代号 FC），指只用足和腿来控制、操作机器。③配合控制（代号 CC），指需要用眼、耳、手、足配合动作来控制、操作机器。

2. 文化程度（代号 GED）

文化程度可分为六个等级；研究生以上、大学本科、大学专科、高中和中专、初中、小学以下。主要从推理能力、数学能力和语言能力三大方面去衡量。

（1）小学以下（代号 PS）

①推理能力。能理解一般的常识，执行简单的一两个步骤的指示；处理工作中很少有

变量的问题。②数学能力。会做简单的加减法，能读、抄数字。③语言能力。能通过口头指示学习工作职责；能填写顾客的姓名、地址，产品的重量、数量或型号；能写简单的申请报告。

（2）初中（代号 JM）

①推理能力。能应用对常识的理解，执行详细但不复杂的书面或口头指示；处理在标准条件下含有少量具体变量的问题。②数学能力。能熟练地进行加、减、乘、除四则运算。③语言能力。比 PS 较强。

（3）高中和中专（代号 SM）

①推理能力：能熟练地应用对常识的理解；正确地执行书面、口头或图示中的指示；能处理在标准条件下含有若干具体变量的问题。②数学能力。能熟练地进行有分数、小数和百分比的算术运算；能运用代数和几何的方法。③语言能力。能把表格、支票、收据等材料归档、登记和邮寄；能转录数据、填写报告表，根据草稿打印或抄写各种文件；能进行家庭访问，为调查研究提供资料，能作导游，并指出各地的特点。

（4）大学专科（代号 CS）

①推理能力。能运用理性知识、原理系统地解决实际问题，并能在有限的标准条件下使用各种具体变量，如簿记、护理、轮船驾驶、农村管理、内燃机操作与维修、电路系统安装等；能以书面语言和口头语言阐明各种知识。②数学能力。能熟练地运用代数、几何运算方法。③语言能力。能转述听写，与有关人员约会，并处理各种信件，与想见负责人的来访者会谈，或阻止其见负责人，自己起草书写例行信件；能与求职者会面，能基本了解其能力与适合做的工作，与员工接触并使其对本企业发生兴趣；能阐明技术手册、图纸、蓝图、略表等图表规格。

（5）大学本科（代号 US）

①推理能力。能运用逻辑原理或科学定义思考问题，收集数据，确立事实，并引出有效结论；能运用书本中的数学公式或图解方式阐明各种技术知识；能使用若干抽象变量和具体变量。②数学能力。能基本运用高等数学的知识来解决问题，如解一些实验方程式或微分方程。③语言能力。比 CS 更强。

（6）研究生（代号 GU）

①推理能力。能运用逻辑原理或科学思维处理广泛的理论问题与实际问题；在最难的地方能采用非文字的符号，如公式、方程式、图表、音乐符号等；能理解最深奥的概念；能运用各种抽象变量和具体变量。②数学能力。能熟练地运用微积分、因素分解、概率论等高等数学和统计知识以及各种理论数学概念与应用数学方法。③语言能力。能为报纸杂

志撰写或编辑文章；能起草契据、租约、遗嘱、抵押单据、合同等重要文件；能就有关政治、经济、教育、科学等问题作专题演讲；能与学生、诉讼当事人、病人等进行谈话，商谈福利待遇、工作资格、任职、心理健康、婚姻关系等事项；能正确评价建筑设计或工程设计中的工程技术数据等重要内容。

3. 专门职业准备时间（代号 SVP）

专门职业准备时间可分为九个等级。

（1）超短期训练。（在一日以内，以在职训练和厂内训练为主）。（2）短期训练。（从二日至一个月，以在职训练和厂内训练为主）。（3）中短期训练。（超过一个月但在三个月之内，以厂内训练和学徒式训练为主）。（4）短中期训练。（超过三个月但在半年之内，以厂内训练和学徒式训练为主）。（5）中期训练。（超过半年但在一年之内，以学徒式训练和职业班训练为主）。（6）长中期训练。（一至两年，以学徒式训练和职业班训练为主）。（7）中长期训练。（两至四年，以职业班训练和学校训练为主）。（8）长期训练。（四至十年，以学校训练为主）。（9）超长期训练。（在十年以上，以学校训练为主）。

4. 才能（代号 A）

才能是指从事工作的各种能力总和。各种能力的等级以工作总人数的百分比来表示，最高的为 100 分。如：一等指最高的 10%，90 分以上；二等指中间偏高的 20%，70~89 分；三等指中间的 40%，30~69 分；四等指中间偏低的 20%，10~29 分；五等指最低的 10%，9 分以下。才能包括许多能力，以下列举一些重要的能力。

（1）一般智力（代号 G）。指一般学习能力。包括抓住要领、理解指示、了解基本原则、推理、判断等能力。（2）语言能力（代号 L）。指了解言语的含义及其相关的概念，并且能有效地使用语言的能力。包括能理解语言、字与字之间的关系、整句、整段的能力；能用口头和书面两种形式清晰、正确地提供信息或表达思想的能力。（3）数学能力（代号 N）。指能用数字进行迅速、正确运算的能力。（4）空间理解能力（代号 S）。指能通过几何图形的观察、思考并理解三维空间物体后，用两维方式来表达的能力，包括认识物体在空间运动所产生关系的能力，阅读工程图纸的能力，解立体几何题的能力，等等。（5）形状理解能力（代号 P）。指观察物体、图表内的细节的能力，包括依靠视觉比较、识别物体的能力，能区别人物形状和阴影的能力，能辨别线条长、宽细微差别的能力，等等。（6）办公室工作能力（代号 Q）。主要指对口头材料和书面材料能观察其内在细节的能力，包括注意复制时的误差，校对文字和数字，避免算术运算时看错题目，等等。（7）运动协调能力（代号 K）。指眼与手或手指配合能迅速、正确作精确而快速运动的能力。包括能快速而正确地作出运动反应的能力。（8）手指活动能力（代号 F）。指手指能迅速而正确地操纵小型物体的能力。(9) 手活动能力（代号 M）。指能自然而熟练地活动手的能力，包括用手准确而快速地移动、旋转物体的能力。(10) 眼—手—足协调能力（代号 E）。指根据视觉刺激，手足能协调配合活动的能力。(11) 颜色分辨能力（代号 C）。指能观察、识别相似或相异的色彩，以及相同的色彩在阴影中或其他明暗效果的能力。包括识别特殊色彩，识别饱和色、对比色、补色以及正确配色的能力。

第二章 人力资源战略规划

第一节 人力资源战略规划理论

人力资源与其他资源相比的一个显著特点是，它的获得需要一个较长的准备时间，因为人的成长需要一个过程，进入状态也需要一个过程，获得不等于能够马上为己所用，越是重要的人越是如此，这一点与资金等方面的资源完全不同。因此，为了企业竞争和发展的需要，对于人的问题必须未雨绸缪，早做打算，这也是企业需要进行人力资源战略规划的原因。

一、人力资源战略规划的相关概念

（一）战略

战略最早是军事术语，是指军事将领指挥军队作战的谋略。在中国，战略一词历史久远，"战"指战争，"略"指谋略。春秋时期孙武的《孙子兵法》被认为是中国最早对战略进行全局筹划的著作。在现代，"战略"一词被引申至政治和经济领域，其含义演变为泛指统领性、全局性、左右胜败的谋略、方案和对策。由于"战略"的特殊含义，该词被引用到企业管理学的各个领域，并且受到了前所未有的关注。美国哈佛商学院的安德鲁斯教授认为，战略从本质上讲，是要通过一种模式，把企业的目的、方针、政策和经营活动有机地结合起来，企业形成自己的特殊战略属性和竞争优势，将不确定的环境具体化，以便较容易着手解决这些问题。有学者认为，战略是一种模式或计划，它将一个组织的主要目的、政策与活动按照一定的顺序结合成一个紧密的整体。从管理学家的定义中，我们可以认识到，战略是一种计划或模式，为组织的特定目标服务，解决一定的问题。因此，人力资源战略规划是为组织的人力资源目标服务、解决人力资源供需动态平衡问题，同时，它包含了一系列计划，也反映了一系列行动。

（二）人力资源战略

什么是人力资源战略？对人力资源战略可以有两种理解：一种是将它理解为市场定位。按照这种理解，有人根据波特对企业战略分类的思路，将人力资源战略划分为成本领先、质量领先和差异化三种战略。另一种则是将人力资源战略理解为一种管理过程，即企业通过人力资源管理实现战略目标的过程，这也可以称为"战略性人力资源管理"。我们认为这两种理解在实践中没有本质的区别。在这里，我们对人力资源战略的理解是基于这两个方面，并力图将这两种思路融合起来。我们认为，人力资源战略是企业根据内部和外部环境分析，确定企业目标，从而制定企业的人力资源管理目标，进而通过各种人力资源管理职能活动实现企业目标和人力资源目标的过程。

（三）战略性人力资源管理

战略性人力资源管理强调通过人力资源的规划、政策及管理实践达到获得竞争优势的人力资源配置的目的，强调人力资源与组织战略的匹配，强调通过人力资源管理活动实现组织战略的灵活性，强调人力资源管理活动的目的是实现组织目标，战略性人力资源管理就是系统地将人与组织联系起来，建立统一性和适应性相结合的人力资源管理。

（四）人力资源规划

所谓人力资源规划，是指根据企业的发展规划，通过诊断企业现有人力资源状况，结合企业经营发展战略，并考虑未来的人力资源的需要和供给状况的分析及估计，对职务编制、人员配置、教育培训、人力资源管理政策、招聘和选择等内容进行筹划、安排，并职能性规划，通过必要的政策和措施，确保自身在需要的时间和岗位上获得所需要的人才（包括数量和质量两个方面），也使组织和个体也得到长期的利益的人力资源部门的职能性工作规则。

（五）战略性人力资源规划

人力资源战略规划，是指根据组织的发展战略、目标及组织内外环境的变化，预测未来的组织任务与环境对组织的要求，以及为完成这些任务、满足这些要求而提供人力资源的过程。人力资源战略规划在人力资源管理中日益凸显出特殊的重要性，一方面，人力资源战略规划为企业提升核心竞争力提供了远景和方向；另一方面，人力资源战略规划为企业实施人力资源战略管理明确了目标，可以说人力资源战略规划是人力资源工作的起点，是企业人事工作的纲领。在战略规划层次上，人力资源规划主要涉及的内容包括企业外部环境因素分析、预计未来企业总需求中对人力资源的需求、估计远期的企业内部人力资源数量、人力资源规划的调整等，其重点在分析问题。在经营计划的层次上，人力资源规划涉及对人力资源需求与供给量的预测，并根据企业人力资源的方针政策，制订具体的行动方案。

战略性人力资源规划，吸取了现代企业战略管理研究与战略管理实践的重要成果，遵循战略管理的理论框架，高度关注战略层面的内容。一方面把传统意义上聚焦于人员供给和需求的人力资源规划融入其中，另一方面更加强调人力资源规划与企业的发展战略相一致。在对内外部环境理性分析的基础上，明确企业人力资源管理所面临的挑战与现有人力资源管理体系的不足，清晰地勾勒出未来人力资源愿景及与企业未来发展相匹配的人力资源管理机制，并制定能把目标转化为行动的可行措施与对措施执行情况的评价和监控体系，从而形成一个完整的人力资源战略系统。

二、人力资源战略规划的内涵

关于人力资源战略规划的定义和内涵，国内外已有不少论述。综合国内外学者的观点，我们认为人力资源战略规划一般可定义为在组织战略管理的基础上为了实施组织的发展战略，完成组织的生产经营目标，根据组织内部环境和外部条件的变化，运用科学的方法对组织人力资源需求和供给状况进行预测，制定相应的政策和措施，从而使组织人力资源供给和需求达到平衡。

从长期看，在组织战略的形成和执行过程中，人力资源战略规划就是为了确保人力资源管理与组织战略高度匹配，使个人目标与组织的战略目标高度一致，在实现组织战略目标的同时，也实现个人目标。人力资源战略规划是对组织人力资源与组织战略目标的规划。具体来说，人力资源规划有如下主要内涵。

第一，人力资源规划是以组织的战略目标为根据，并为实现组织的战略目标服务的，这是制定组织人力资源规划的立足点和出发点。当组织的战略目标发生变化时，人力资源规划也会相应发生变化，可以说，组织的战略目标是制定人力资源规划的基础。

第二，一个组织所处的环境是变化的。影响组织的外部环境因素很多，如政治、经济、法律、技术、文化等，当这些因素发生变化时，也会给人力资源带来相应的变化。人力资源规划就是要对这些因素的动态变化进行科学的预测和分析，以确保组织在近期、中期和长期对人力资源的需求。

第三，一个组织要制定必要的人力资源政策和措施，以确保组织对人力资源需求的如期实现。政策和措施要正确、明确、得当。例如，对涉及内部人员的调动补缺、升或降职、外部招聘和培训及奖惩等都要有切实可行的措施保证，否则就无法保证组织人力资源规划的实现。

第四，人力资源规划要使组织和个体都得到长期的利益。这是指组织的人力资源规划还要创造良好的条件，充分发挥组织中每个人的主动性、积极性和创造性，提高每个人的工作效率和组织的效益，保证组织的目标得以实现。与此同时，也要切实关心组织中每个人的物质、精神和业务发展等方面的需求，并帮助他们在实现组织目标的同时实现个人目标。这两者都必须兼顾，否则就无法吸引和招聘到组织所需要的人才，也难以留住组织内已有的人才。

人力资源战略规划是战略性人力资源管理工作的重要内容，是组织做好战略性人力资源管理工作的第一步，是其他人力资源管理工作的前提和基础，直接影响组织战略目标能否顺利实现。古人很早就知道"人无远虑，必有近忧"的道理，人力资源战略规划的实质就是"未雨绸缪"，是为实现组织战略目标而做的长远谋划。

三、人力资源战略规划与其他人力资源管理活动的关系

在组织的人力资源管理活动中，工作岗位分析、劳动定额定员、员工素质测评、人力资源信息系统等基础工作是人力资源战略规划的重要前提，而人力资源战略规划对组织人员的招聘、选拔、考评、调动、薪酬、福利和保险，对员工的教育、培训和开发，以及组织人员余缺调剂等各种人力资源管理活动的目标、步骤与方法做出科学的安排。它不但为工作分析、员工配置、人员培训、员工的职业生涯规划提供了依据和基础，而且在实施组织总体发展战略规划和目标的过程中，还能不断调整人力资源管理的政策和措施，指导人力资源管理活动，成为组织人力资源管理活动的纽带。

第二节　企业战略与人力资源战略

一、企业战略

企业泛指一切从事生产、流通或服务性活动的独立核算营利性经济实体与非营利性政府及社团机构。这与传统概念下的一般企业定义有所不同，传统概念下的企业主要是指营利性组织，而不包括非营利性组织。在企业战略研究中，将企业的概念拓广到包括非营利性组织，一方面是因为战略管理的许多思想对营利性与非营利性这两类组织具有普遍适用

意义，另一方面是因为现代企业战略管理的研究大量涉及非营利性组织的问题。为了方便叙述，避免区别使用两种不同的名称来代表营利性与非营利性这两种具有不同性质的组织之累赘，在这里的一般论述中，作为一种约定（特别声明除外），"企业"一词均泛指营利性与非营利性这两类组织。

企业战略是企业运行的指导思想，它是对处于不断变化竞争环境之中企业的过去运行情况及未来将如何运行的一种总体表述。企业战略需要回答的根本性问题为"企业的业务是什么及应该是什么"，回答这一问题，可以帮助企业明确自己的使命，弄清所追求的目标，需要开发哪些战略，从而通过更好的决策为企业今后的经营奠定良好的基础。

企业战略还涉及以下问题：企业的业务目标是什么？如何确定企业各业务目标的优先顺序？为实现设定的业务目标，企业应采取什么措施和如何配置资源？企业的适当规模是什么？企业的长期发展目标是追求增长还是维持现状？企业拟进入哪一新业务领域，放弃哪些老业务？是扩大现有业务领域还是多角化经营？是否需要进入其他地理区域市场？是否应该兼并另一企业或与其他企业进行联合投资？如何回避不怀好意的购并？等等。

传统的企业战略理论主要有古典战略管理理论、波特的竞争战略理论和核心竞争能力理论三种。

（一）古典战略管理理论

20 世纪 60 年代，钱德勒在《战略和结构》一书中首先研究企业战略管理理论，此后各种战略管理理论层出不穷，形成了战略管理理论"丛林"。根据已有的企业战略管理理论，我们大致可以把战略管理理论分为三个阶段，即古典战略管理理论、以产业分析为基础的竞争战略理论和以资源为基础的核心竞争力理论。

古典战略管理理论指导企业开展战略管理是建立在线性思维基础上的，即企业分析外部环境的机会和威胁，然后把这些条件参数输入特定的战略管理模型，从而获得一个最优的战略管理方案。但遗憾的是，这种战略管理方案只是理想化的，在现实中的实施效果并不理想，原因在于这类方案忽略了现实企业管理中许多小的"随机"事件会逐渐累积，被反馈放大并最终决定企业在市场上的命运。正如阿瑟所指出的，在现实世界里，如果几个规模相近的企业同时进入一个市场，偶然的小事件未料到的订货、与购买者的偶然商谈、管理的怪念头将会决定谁会较早卖出产品，并最终占据市场主流。这说明市场中小的"随机"因素通过正反馈可以影响企业的发展和命运，而依照古典战略管理理论制定的企业战略并不会考虑这些小的"随机"因素，其实施结果往往是失败的。

（二）波特的竞争战略理论

古典战略管理理论对于提高企业适应环境的能力，注重企业长期的全局谋划都起到了积极的指导作用，但是被动地适应环境难以提高企业的竞争力水平，随着经济的发展和市场竞争程度的加剧，古典管理理论逐渐被以产业为基础的竞争线路所代替。以产业为基础的竞争战略是哈佛大学的波特教授于 1980 年提出的，波特把产业经济学中的贝恩范式（结构一行为一绩效）引入战略管理。他认为，"形成竞争战略的实质就是将多个公司与其环境建立联系化，并提出分析企业竞争战略包括五种竞争作用力：进入威胁、替代威胁、买方讨价还价能力、供方讨价还价能力、现有竞争对手的竞争"，这种竞争作用力的强弱取决于产业的利润率。其企业竞争战略强调的重点如下：选择有吸引力的、高潜在利润的产业；在已选择的产业中获得有利的竞争地位。

波特的竞争战略理论把企业战略管理引入更广阔的环境分析视野中，关注产业结构，提出寻求有吸引力的产业与谋求在具体产业中有吸引力的竞争地位，这些对于提高企业的竞争力都有积极作用。但是企业内部因素同样重要，如果在高吸引力、高利润产业中内部因素不健全，则依然不会有好的经营业绩，从产业因素等外部因素无法解释一个好的竞争战略却未必获得竞争优势的现象，在这种情况下，企业核心竞争能力学派的观点逐渐受到广大战略管理的理论研究者和实践者的重视。

（三）核心竞争能力理论

企业核心竞争能力理论认为，企业要想获得竞争优势，必须具备独特的竞争能力。企业战略管理的核心是善于运用企业的核心资源，提升企业的竞争能力。核心竞争力是"组织中的积累性学识，特别是关于如何协调不同的生产技能和结合多种技术流的学识"。哈默尔和普拉哈拉德认为，充分有效地利用资源的方式有五种，即更有效地将资源集中于战略目标，更有效地积累资源，整合互补资源以创造高层次的附加价值，尽可能地保存资源，缩短消耗与回收之间所需的时间以迅速回收资源。

无论是波特的竞争战略理论，还是哈默尔和普拉哈拉德的核心竞争能力，都对企业的战略管理理论和实务做出了积极贡献。

以上是对战略管理理论发展历程的简单回顾和评价。我们可以发现以往战略管理理论的共同前提如下：①战略设计的思路遵循线性思维方式，想寻求一种符合所有企业特点的固定战略模型，但是并未实现。②追求单一的稳定均衡，规划长远步骤却缺乏动态思考，其结果并不理想，事实上经济和管理中存在多种均衡。③寻求最优的战略设计，这些战略设计的经济学假设前提是经济运行中有帕累托最优，但在现实中，企业的环境是千变万化的，不存在帕累托最优，因此，我们需要新的战略管理范式。

二、企业战略与人力资源战略的关系

人力资源战略，是指企业为实现其战略目标而制定的一系列有关人力与人才资源开发和管理的总体规划，是企业发展战略的重要组成部分，是抓住组织的战略目标和目的，并将目标和目的转化为前后一致的、整体化的、完善的员工管理计划和政策，是"从人力资源的'质'和'量'入手，评估目前人力资源的质量与企业目前及未来发展变化所需之间的差距，并能够满足这些要求的过程"。库克则认为，人力资源战略是指员工发展决策及处理，对员工具有重要和长期的影响决策，它表明了企业人力资源管理的指导思想和发展方向，而这些指导思想和发展方向为企业的人力资源计划和发展奠定了基础。科迈斯-麦吉阿等则把人力资源战略定义如下：企业慎重地使用人力资源，帮助企业获取和维持其竞争优势，它是组织所采用的一个计划或方法，并通过员工的有效活动来实现组织的目标。综上所述，可以把人力资源管理战略定义为根据企业战略来制定人力资源管理的计划和方法，并通过人力资源管理活动来实现企业的战略目标。

（一）人力资源战略的作用

企业战略是一组企业活动的决策，战略目标的实现依赖于一系列功能性战略，而在这一系列功能性战略中，人力资源战略最重要。勒温和米切尔指出，人力资源战略与企业战略的协调，可以帮助企业利用市场机会提升企业的内部组织优势，帮助企业达成战略目标。人力资源战略对企业的意义主要体现在以下三个方面。

1. 可提高企业的绩效

员工的工作绩效是企业效益的基本保障，企业绩效的实现是通过向顾客有效地提供企业的产品和服务体现出来的，而人力资源战略的重要目标之一就是实施对提高企业绩效有益的活动，并通过这些活动发挥其对企业成功所起到的作用。过去，人力资源管理是以活动为宗旨，主要考虑做什么，而不考虑成本和人力的需求。现在，经济发展正在从资源型经济向知识型经济过渡，企业人力资源管理也就必须实行战略性的转变。人力资源管理者必须把他们活动所产生的结果作为企业的成果，特别是作为人力资源投资的回报，使企业获得更多的利润。从企业战略上讲，人力资源管理作为一个战略杠杆能有效地影响公司的经营绩效。人力资源战略与企业经营战略结合，能有效推进企业的调整和优化，促进企业战略的成功实施。

2. 有利于企业形成持续的竞争优势

随着企业间竞争的日益白热化和国际经济一体化的发展，很难有企业可以拥有长久不变的竞争优势，往往是企业创造出某种竞争优势后，经过不长的时间就被竞争对手模仿，从而失去优势，而优秀的人力资源所形成的竞争优势很难被其他企业模仿。所以，正确的人力资源战略对企业保持持续的竞争优势具有重要意义。人力资源战略的目标就是不断增强企业的人力资本总和。扩展人力资本，利用企业内部所有员工的才能吸引外部的优秀人才，是企业战略的一部分。人力资源工作就是要保证各个工作岗位所需人员的供给，保证这些人员具有其岗位所需的技能，即通过培训和开发来缩短及消除企业各职位所要求的技能和员工所具有的能力之间的差距。当然，还可以设计与企业的战略目标相一致的薪酬系统、福利计划、提供更多的培训、为员工设计职业生涯计划等来增强企业人力资本的竞争力，达到扩展人力资本、形成持续的竞争优势的目的。

3. 对企业管理工作具有指导作用

人力资源战略可以帮助企业根据市场环境变化与人力资源管理自身的发展，建立适合本企业特点的人力资源管理方法。例如，根据市场变化确定人力资源的长远供需计划；根据员工期望，建立与企业实际相适应的激励制度；用更科学、先进、合理的方法降低人力成本；根据科学技术的发展趋势，有针对性地对员工进行培训与开发，提高员工的适应能力，以适应未来科学技术发展的要求等。人力资源战略是实现企业战略目标，获得企业最大绩效的关键。研究和分析人力资源战略，有利于提升企业自身的竞争力，是达到人力资本储存和扩张的有效途径。人力资源战略在企业实施过程中必须服从企业战略，企业战略形成的实际中也必须积极考虑人力资源因素，二者只有达到相互一致、相互匹配，才能促进企业全面、协调、可持续发展。

（二）企业人力资源战略与不同企业战略的匹配

人力资源战略的最大影响体现在企业绩效，而人力资源战略与企业战略是否匹配决定了企业绩效能在多大程度上得到提高。当人力资源战略与企业战略相匹配时，人力资源战略才能提高组织绩效，才能正确地指导人力资源管理活动，避免浪费；人力资源战略才能实现企业的战略目标，提高组织绩效，进而为企业创造竞争优势。

1. 与波特的竞争战略相协调的三种人力资源战略

当企业采用成本领先战略时，主要是通过低成本来争取竞争优势，因此必须严格控制成本并加强预算。为了配合低成本的企业战略，此时的人力资源战略强调的是通过有效性、低成本市场、高结构化的程序来减少不确定性，并且不鼓励创新性。差异化战略思想的核心在于通过创造产品或者服务的独特性来获得竞争优势，因此，这种战略的一般特点是具有较强的营销能力，强调产品的设计和研究开发，公司以产品的质量著称，而此时的人力资源战略则强调创新性和弹性、以团队为基础的培训和考评，以及差别化的薪酬策略等。当企业采用集中化战略时，企业战略的特点综合了成本领先战略和差异化战略，相应地，人力资源战略结合了上述人力资源战略。

2. 与迈尔斯和斯诺的企业战略相协调的人力资源战略

防御者战略寻求的是整体市场中的一个狭窄、稳定的细分市场，而不是成长。探索者战略则通过不断寻找新产品、新市场或新服务，发掘新的商业机会。在这种战略下，企业资源主要用于鼓励创新与获取难以在组织内部发展的能力。分析者战略是同时在稳定和动荡的产品市场上经营，它们往往是其经营领域的领导者，但不是变革的发起者。

当企业采用防御者战略时，与其相协调的人力资源战略是累积者战略。累积者战略是基于建立最大化员工投入和技能培养，充分发挥员工的最大潜能。当企业采用分析者战略时，与其对应的人力资源战略是协助者战略。协助者战略是基于新知识和新技能的创造，鼓励并支持能力、技能和知识的自我开发。而当企业采用探索者战略时，企业最优的人力资源战略选择是效用者战略。效用者战略是基于极少的员工承诺和高技能的利用，企业将雇用具有目前所需要的技能且可以马上使用的员工，使员工的能力、技能与知识能够配合特定的工作。

（三）人力资源战略与企业战略匹配的意义

人力资源部门是企业重要的职能部门，人力资源战略的制定也必然是为企业战略服务的。人力资源战略必须与企业战略相适应才能发挥最大功效，从而帮助企业合理利用市场机会，提升企业内部的组织优势，帮助企业实现其战略目标。人力资源战略与企业战略构想得以落实，是企业经营成功的关键因素之一。

企业战略是对企业各种战略的统称，其中既包括竞争战略，也包括营销战略、融资战略、技术开发战略、人才开发战略、资源开发战略等，是企业在分析内外部环境的情况下，为使自己保持或取得竞争优势而制定的战略。企业战略通常分为公司层战略和事业层战略，因此，人力资源战略必须建立在与公司层战略和事业层战略发展相一致的基础上，只有这样才能发挥人力资源管理的战略作用，才能通过人力资源管理提高企业的绩效，实现企业的战略目标。

人力资源战略是企业战略的核心组成部分，是企业人力资源部门工作的指导方针。企业战略是企业为了提升竞争优势而制定的长远目标，以及与目标相适应的行为计划。只有当人力资源战略与企业战略相匹配时，才能提高企业的组织绩效，提升企业的竞争优势，促进企业的可持续发展。

三、人力资源战略的选择

（一）人力资源战略的分类

1. 建立在雇主–员工交换关系基础上的人力资源战略模型

该种人力资源战略分析方法基于两个假设：①雇主是把员工看做资产还是不变成本。②员工关系是内部劳动力市场还是外部劳动力市场。如果员工关系是内部劳动力市场，那么雇主将人力资源看做资产，为员工提供一系列的工作保障，为其铺设职业生涯通道，以公司内部标准为员工提供薪酬和福利，而不是根据变化的市场行情。相比而言，如果员工关系是外部劳动力市场，那么雇主将人力资源看做成本。这类雇主认为劳动力成本降低了自己的收入，就可能根据市场行情确定工资标准，也可能随意设立工资标准。

奥斯特曼在上述两个假设的基础上提出了四种不同的人力资源战略模型，即技能战略、第二种战略、产业战略、工资化的战略。

（1）技能战略

技能战略假定市场上的劳动者已经具备较熟练的劳动技能，并且追求贯通的职业生涯通道，跟随市场情况不断流动，在这种情况下，企业完全从外部劳动力市场获取员工，通过降低成本和保持灵活的人员配置来获得竞争优势，根据市场状况给付工资，在市场需求不足时解聘员工以维持生存。

（2）第二种战略

第二种战略认为，该岗位只需要员工具备基本技能，如一些看门人和送信人，薪酬标准很低，没有提供工作保障，没有设定完备的职业发展计划，因此员工缺乏工作灵活性、工作安全感，从而要求获得市场化的工资。

（3）产业战略

产业战略是一种混合战略，在采取这种战略的企业中，员工的工作范围狭小，工作责任明确，工作流动性较差，比较强调资历。这类企业的工资水平取决于员工的资历和工作业绩，较少受外部劳动力市场行情的影响，雇主只会提供有限的职业生涯发展计划，因此，员工为了获得有限的工作保障和待遇会放弃对工作过程的控制。

（4）工资化的战略

采取工资化战略的企业将员工看做获取持续竞争优势的一种关键资源。这类企业比较依赖杰出人才，因此为员工提供强有力的工作保障、可以变动的工作职责、灵活的分配方式、明确的职业生涯发展计划，不同员工的工资差别也非常大。对应地，企业也要求员工有较高的忠诚度和工作投入。工资化的战略直接体现了内部劳动力市场观点。

在奥斯特曼研究的基础上，戴勒瑞提出了三种理想的人力资源战略模型，即市场战略、内部战略和中间道路，强调企业的经营业绩很大程度上与人力资源战略和企业战略相协调的程度有关，协调度越高，企业经营业绩越好。

采取市场战略的企业热衷于降低劳动力成本，较少给予员工内部发展机会，主要采取外部招聘方式，几乎没有正式的培训，提供的工作保障也有限，实行大范围的利润分享，员工缺乏参与企业决策的机会。采取内部战略的企业则强调充分发挥员工的能力实行内部劳动力市场导向；从企业内部选聘人才，提供广泛的在职培训；主要根据工作表现而不仅仅是工作成果来评估绩效，强调员工的发展，提供完全的工作保障，鼓励员工参与决策。中间道路战略则介于两者之间。

2. 建立在雇主监督、控制员工绩效基础上的人力资源战略模型

戴尔和霍德从控制角度提出了以下三种人力资源战略。

（1）诱导战略

采取诱导战略的企业尤其重视成本控制，设置较少的管理人员，采取一系列措施保证企业生产的延续性。这类企业强调目标承诺，明确工作职责，以降低生产过程中的不确定性，工作报酬取决于个人的努力程度。通常情况下，处于激烈竞争环境中的企业会采用诱导战略。

（2）投资战略

投资战略通常被差异化明显的企业采用。这类企业重视员工的个人发展，鼓励员工积极创新，强调员工技能的多样性，拥有较清晰的层级和集中的决策系统，薪酬方式多样，有一定的适应性和灵活性。但是该种战略的缺陷在于企业过多的干预与监督，以及烦琐的报告系统可能影响员工的工作积极性。

（3）参与战略

采取参与战略的企业大都有扁平和分权的组织结构，在能够对竞争者和生产需求做出快速反应的同时，有效地降低成本。该类企业员工多数为专业人才，拥有熟练的技能，制定的人力资源政策强调人员优化配置、工作监督和合理报酬，以鼓励创新，帮助企业实现人力资源战略目标。这类企业为员工提供挑战性的工作，鼓励员工主动参与，报酬与成果

密切联系，能有效推动战略目标的实现。

3. 综合模型

综合模型是根据人力资源获取和控制方式两个维度来划分，由此可以获得四种主要的人力资源战略。

（1）人力资源获取维度

资源获取维度涉及外取或自有，简单来说就是员工能力的获得是通过企业培养还是通过购买。

（2）控制方式维度

控制方式维度主要是指企业是采取对员工行为进行监督使其遵守操作标准，还是通过将员工利益与企业利益联系在一起，从而发挥员工的主观能动性以实现企业的目标。

（二）人力资源战略的选择

在业务多元化的公司中，战略分为三个不同的层次：整个公司和所有业务的战略（公司战略）；公司多元化业务中各业务领域内的战略（业务战略）；各业务领域中各职能单元的战略（职能战略）。在单业务公司中，只有业务战略和职能战略两个层次。

公司战略是一家业务多元化公司整体上的管理规划。业务战略是指某一项业务的战略管理规划，往往是管理层在某业务领域制订的经营策略和方案。职能层战略是指管理者为特定的职能活动、业务流程或业务领域内的重要部门所制定的策略规划，人力资源战略就是一种重要的职能战略。

1. 基于公司战略的人力资源战略选择

（1）基于稳定型战略的人力资源战略选择

稳定型战略是指企业的资源分配和经营状况基本保持稳定的战略，既不会进行大的扩张也不会有收缩行动，企业的人力资源战略也会保持相对稳定，人力资源活动的稳定运行成为人力资源战略的目标，基本不会大批量招聘新员工也不会大量裁员。由于企业基本维持现状，员工成长机会较少，员工缺乏发展机会，可能会出现员工的离职，因此，企业人力资源政策旨在留住企业的核心人才，稳定人心。此时企业可根据自身状况选择是否需要留人。例如，公司的生产活动对员工依赖性低，可以选择不留人战略；公司的资金实力较强，行业竞争又很激烈，可以选择诱导留人战略，等等。

（2）基于收缩型战略的人力资源战略选择

收缩型战略是指企业缩小经营范围或领域，或者从某些经营领域完全退出，采用此战略的企业，重点在于组织结构调整与经营管理程序的重新构建，尽量降低运营成本。与企业收缩战略相对应，企业的人力资源战略也应收缩。例如，减少招聘数量和培训，降低员工薪酬，主要以财务指标作为绩效考核的重点。采用收缩型战略的企业会极力进行自我重组，可能关闭一些工厂或分店以削减成本，因此人力资源面临的一个严峻问题就是组织变动而带来的裁员问题。

（3）基于扩张型战略的人力资源战略选择

扩张型战略是指企业扩大原有的经营规模，或开拓新的经营领域。此时的人力资源战略的选择需要根据扩张后的组织具体状况进行，企业在进行扩张后可能组织庞大、结构复杂，那么人力资源战略的制定要具体情况具体分析，根据不同组织面临的不同情况制定差异化的人力资源政策。企业的扩张直接导致业务量增加，此时及时招聘补充员工填补岗位、制订合理的培训方案成为人力资源战略重点。例如，企业扩张后，企业的生产规模扩大，生产自动化程度更高，对员工依赖性进一步降低，而企业所需员工的劳动力市场状况良好，企业可随时找到合适的员工，就可以考虑选择完全外部战略。

2. 基于业务战略的人力资源战略选择

业务战略是指企业在开拓某一具体业务中所采取的行动方案，其主旨在于为企业的竞争地位赢得持久的优势，优势是否长期持久决定了业务战略的强弱。只有占据一定竞争优势的企业才有希望拥有平均水平之上的盈利，才有可能在行业中取得市场竞争的成功。因此业务战略的关键是制定能够带来长久竞争优势的竞争战略。为获得竞争优势，企业可根据自己的情况从以下三种基本的经营战略中选择，即成本领先战略、产品差异化战略和市场焦点战略。

（1）基于成本领先战略的人力资源战略选择

成本领先战略的主导思想是以低成本取得行业中的领先地位。在这种战略思想指导下，企业的一切活动都以降低成本为目标，尽力减少费用，保持比竞争对手更低的成本以赢得市场占有率，获得竞争优势。此种战略适合在该产业拥有成熟的市场和稳定的技术的企业。成本领先的前提是有较高的生产率，即较高的人均产出，通过减少员工数量或降低员工的管理费用两种途径可以达到。用机器代替员工可以有效控制员工的数量，更可以使生产活动更加规范，大规模机械化生产可以有效降低生产成本。员工管理费用是通过控制人力资源管理的各个环节来降低成本的。例如，通过招聘环节减少招聘的费用、取消低效率及不必要的培训、降低员工的薪酬水平等方法来降低员工管理的总体成本。

（2）基于产品差异化战略的人力资源战略选择

产品差异化战略的主导思想是企业通过向市场提供与其他企业差异较大、新颖独特的产品或服务，以建立自己的竞争优势，差异化往往可以带来高额附加利润，可以补偿因追求差异化而增加的成本，获取高额利润。产品差异化战略的重点在于差异，而差异来源于两个方面，即产品质量、外观等产品附属属性的差异和产品的创造性革新。由于采取第一种差异化战略（即看重产品质量、外观等产品附属属性的差异）的企业对员工的创造性及技能的要求都高于采取低成本战略（即不看重产品质量、外观等附属属性的差异）的企业，但是又没有第二种差异化战略（即看重产品的创造性革新）要求得高，因此采取第一种差异化战略的企业适合选择混合型的战略等人力资源战略作为基础人力资源战略；采用第二种差异化战略的企业对员工的创造性要求非常高，员工对工作的参与程度很高，因此此类企业适合选择以完全外部获取战略、高投入战略和参与战略、高承诺战略等人力资源战略作为基础人力资源战略。

（3）基于市场聚焦战略的人力资源战略选择

市场聚焦战略是指企业只是将目标锁定于某一细分市场，有自己特定服务的顾客群，只生产某类特殊产品，或者只供应某一特定地理区域。在选定的这个市场上，企业或运用成本领先战略或运用差异化战略，或兼而用之，以期战胜对手。市场聚焦战略是前两种战略在特定市场的应用，因此与市场聚焦战略匹配的人力资源战略要视情况而定。

3. 基于企业生命周期和行业特点的人力资源战略选择

企业生命周期理论由美国著名管理学家伊查克·麦迪思提出。他在《企业生命周期》一书中，对企业的生命历程及其面临的问题进行了详细论述，他将企业生命周期划分为三个阶段，即成长阶段、盛年阶段和老化阶段。结合中国企业的实际情况及人力资源管理的需要，我国有些研究人员将企业生命周期划分四个阶段，即初创期、成长期、成熟期和老化期。

（1）企业初创期的人力资源战略选择

企业初创期的企业组织结构尚未完全建立，规则制度也并不健全，企业文化并未构建，企业各项业务的开展与执行主要取决于企业的创立者。企业规模小，实力弱，没有明确的企业战略，也缺乏人力资源战略，人力资源管理工作并不科学，处于起步阶段，企业的内部管理机制很不完善，员工没有很明确的职责规范。此时期企业谋求发展以生存为目标，而人力资源工作的核心在于为企业招聘到能与初创企业共同成长的优秀员工，同时注重为企业未来发展进行核心员工的辨识和培养。

（2）企业成长期的人力资源战略的选择

企业成长期的企业呈现如下特征：经营规模不断扩大，主营业务不断扩展并快速增长，各种资源全面紧张，企业组织形态走向正规化，机构相对完善，企业规章制度不断建立和健全，企业文化逐渐形成；企业创业者的个人作用开始弱化，更多地担当起领导者和管理者的角色，职业经理人开始进入企业并发挥关键作用。

此时期的企业人力资源状况的特点如下：企业规模的不断扩张，使企业对人才的需求迅速增加；企业组织向正规化发展，各项规章制度开始建立健全，企业领导者的作用开始弱化，人力资源工作开始逐步正规化；人力资源部门参与企业战略制定，并为企业发展的保障制定人力资源战略。招聘工作仍然是人力资源战略的重点，同时，培训工作也逐渐成为企业人力资源工作的重点。因为企业的迅速发展会需要员工快速地更新知识，因此对员工进行有计划的培训是企业发展的保障。

（3）企业成熟期的人力资源战略选择

企业成熟期是企业生命历程中最为理想的阶段，企业的灵活性、成长性及竞争性达到了均衡状态。一般而言，成熟阶段的企业有如下特征：企业能够获取最大利润，财务状况大为改观，初创期及成长期入不敷出的局面为相对宽裕的资金流所代替，现金流入量大于流出量；企业的制度和组织结构完善并能充分发挥作用，即使制度或组织结构暂时或局部出现了问题，企业也有部分的自我协调和自律机制；企业的创造力和开拓精神得到制度化保证；企业非常重视顾客需求，注意顾客满意度，一切以顾客至上为原则，即重视市场，重视公司形象，企业计划能得到不折不扣地执行，对未来趋势的判断能力突出，并且完全能承受增长带来的压力。

企业成熟期人力资源状况的特点如下：企业主要靠企业的规范化管理运作，个人在企业中的作用开始下降；企业的发展速度减缓，企业人员需求量下降，企业内部员工创新意识下降，企业活力开始衰退；企业的各岗位满员，人员晋升困难，对有能力员工的吸引力开始下降，造成企业人才流失。处于此时期的企业仍然可以根据企业的产品特点、员工素质、企业架构等因素选择人力资源战略，但是此时期企业的人力资源战略的重点在于培养创新型的企业文化和防止核心员工流失。创新型的企业文化能够延长企业的成熟期，甚至使企业焕发新的生机，同时企业必须完善员工晋升通道和员工职业生涯设计，留住核心员工。

（4）企业老化期的人力资源战略选择

企业老化期是企业生命周期的衰落阶段，此时企业内部缺乏创新，少有活力和动力，没有了创业期的冒险精神。老化期的企业特征表现如下：企业增长乏力，整体竞争能力和获利能力全面下降，资金紧张，既缺乏成长性，又缺乏灵活性，更缺乏竞争性；企业内部官多人多，官僚风气浓厚；制度繁多却缺乏有效执行力，互相推脱责任的情况经常发生；企业员工自保意识不断增强，做事越来越拘泥于传统、注重于形式，只想维持现状，求稳定，与顾客的距离越来越远，体现企业活力的行为减少甚至消失。

老化阶段的企业人力资源状况表现如下：企业人心不稳，核心人才流失严重；企业盈利能力下降，造成企业员工大量冗余，同时企业的人力成本压缩；企业员工凝聚力下降。因此处于此时期的企业的人力资源战略的重点在于留住企业核心人才，为企业重整和延长生命力提供条件，同时，做好人员裁减工作。此时的企业，必须根据企业现行业务状况进行有计划的裁员，降低企业的成本，增加企业灵活性，同时进行企业内部改造，改变现行的企业文化，鼓励创新，提供有竞争力的条件留住核心人才。

第三节　人力资源战略规划的主要内容

一、人力资源战略规划的构成体系

（一）人力资源战略规划的分类

1. 按人力资源战略规划所涉及的范围

依据人力资源战略规划制定的对象和范围，可将其分为两个层面：一是人力资源的总体战略规划，二是与人力资源相关的各专项业务规划。人力资源总体规划是有关计划期内人力资源开发规划利用的总体目标、总政策、实施步骤及预算等。人力资源规划中所涉及的专项业务计划涵盖了包括人员补充计划、人员分配计划、人员提升计划、离退休计划、教育培训计划、工资激励计划、劳动计划等。这些都是针对人力资源总体规划各项业务而展开，最终促使整体规划的实现。每一专项业务计划也都由目标、任务、政策、步骤及预算等部分组成。

2. 按人力资源战略规划期间的长短

依据规划期限的大小可将人力资源战略规划分为三个类型，即长期人力资源规划、中期人力资源规划和短期人力资源规划。长期人力资源规划适合组织长期的总体发展目标，对组织有关人力资源开发与管理的总战略、总方针和总目标等进行系统的筹划，其特点是具有战略性和指导性，期限一般为5年以上。中期人力资源规划是指1~5年的人力资源规划，其特点是适合企业中期的总体目标、方针、政策和措施，内容较多，但没有短期人力资源规划具体。短期人力资源规划是指季度、年度人力资源规划。短期人力资源规划的特点是目的明确、内容具体，具有一定的灵活性。

3. 按人力资源战略规划的内容

依据内容可以分为以下五个方面。

（1）战略规划

根据企业制定的发展总目标，规划企业人力资源开发和分配的计划，制定相应的方针和政策，有利于人力资源配置的合理完善。

（2）组织规划

组织规划是对企业整体架构的设计，需要对组织的具体情况和信息进行归纳、处理和应用，绘出组织结构图，组织调查、诊断和评价，组织设计与调整以及组织机构的设置等。

（3）制度规划

这是实施企业总体人力资源规划的基本保障，其中包括人力资源管理制度、管理体制等。

（4）人员规划

人员规划是对企业总员工数、人员年龄和素质的构成，流动的整体规划，有企业人力资源现状的分析，企业定员，人员需求、供给预测和人员供需平衡等。

（5）费用规划

费用规划是对人力资源成本、人力资源管理费用的整体规划，包括人力资源费用的预算、核算、结算，以及人力资源费用控制。

（二）人力资源战略规划的内容

研究这一领域的学者对人力资源战略规划内容划分，基本上划分的形式没有大体的偏差，但是存在细微的差异。对人力资源战略规划的重点与兼顾内容进行认识和掌握，非常有利于认清各项内容的主次、结构和作用。通过对人力资源战略基本内容的掌握，结合目前主流的划分方式，人力资源战略规划的内容可分成七个子规划。

1. 外部人员补充规划

依据组织内外环境变化并结合组织发展战略，开展招聘计划，通过引入外部优秀人才，补充人员储备，弥补组织中长期可能产生的空缺职位。

2. 内部人员流动规划

依据组织内外环境变化结合组织发展战略，适当调动人员安排，以达到企业内部人力资源配置的合理性和科学性。

3. 退休解聘规划

依据内外环境变化结合组织发展战略，对一些年龄达到的员工开启退休机制，并解聘不符合企业发展的员工，从而使组织的人员结构更优化、更合理。

4. 职业生涯规划

依据组织内外环境变化结合组织发展战略引导员工职业发展方向，针对每一位员工自身的兴趣、能力、个性和可能的机会制订个人职业发展计划，有利于企业对每位员工执行差异化的职业生涯规划和发展。

5. 培训开发计划

结合组织内外环境变化并基于组织发展战略，对员工进行有针对性的培训和开发，以提高员工的能力和素质，强化一些技能，同时提高他们工作的积极性，以不断适应企业未来战略的调整。

6. 薪酬激励规划

结合组织内外环境变化并基于组织发展战略，制订相应的激励计划，提高员工的主观能动性，相应地提高绩效，完善员工结构的制定。

7. 组织文化规划

结合企业内外部环境的动态性，并基于制定的组织战略，促进企业良好文化氛围的形成，通过对文化的塑造在员工之间形成一股凝聚力，不断激发他们的创造力，适时改善和调整人力资源战略与规划。

（三）人力资源战略规划的要求

1. 人力资源需求与供给预测为基础

依据企业未来战略的发展方向，预测员工数量及相应的员工结构，也就是对未来企业发展所需的人员数量进行预测和把握。人力资源需求的结构规划是对整体员工的年龄结构、学历结构、职称结构等进行规划和划分，合理的年龄结构有利于员工队伍的稳定，合理的学历和职称结构有利于人员与职位的匹配，合理的专业和职类有利于工作的协调。同时，进行这一环节的计划和设定也有利于强化企业未来岗位的设定和相应的岗位职责界定、对不同岗位职责进行设置等，其中有员工的经验、技能等，还有个人在价值观性格方面的体现，这也是企业选、留、育、用人的最基本原则。

而企业进行外部市场调查，基于现在人力资源现状，并结合企业未来发展人力资源内外供给情况进行预测，即人力资源供给预测。最重要的方式是从企业自身的人员中筛选，企业首先应着眼于企业自有的人才，合理利用好本身拥有的人力资源，极大地发挥员工的潜能。他们对企业较熟悉，掌握了企业足够的信息，同时在企业文化的熏陶下对企业有依赖感，可将情感变为积极性，促进企业的发展。企业要着重开发企业内部人力资源，但并不是闭关自守，在留用内部人员的同时还应招聘外部人员，平衡人力资源供给；外来人员可以注入新的活力，提高企业的创新能力，但是不能保证其忠诚度。因此，要充分认识内外部人才的互补关系，既要保留内部可用之才，又要外部供给来补充人员。企业可以通过对高校、人才市场中相关信息的调查，科学预测企业未来的外部人员可供给量。然而这一举措也有利有弊，一味地招聘外部人才，会让自有员工产生消极心态，降低他们的积极性，很有可能产生人员流动的现象。所以，在制定招聘规划时，企业要综合考虑多方面的因素，将外部人才招聘的成本与企业自有员工培训所花成本相比，同时考虑人员稳定因素，提高企业竞争力。

2. 人力资源战略规划体现激励作用

人力资源规划的重要意义之一是调动员工的积极性。人们无时无刻不处在需求中，依据马斯洛需求层次理论，人的需求是有层次的，但是永远得不到满足，给予一定的满足可以提高积极性，产生动力。在企业中，员工最基本的需求是报酬，所以根据员工的需求制定报酬可以产生更高的激励。在制定薪酬体系时，企业要进行外部调查，保持外部公平性，同时对内也需要保持公平。因此，为了降低成本、避免不必要的浪费，企业在进行招聘时，需要考虑市场情况，既要采取合理有效的手段，也要招聘到适合企业发展的人才。为了最大限度地产生激励作用，应制定相应的科学的薪酬体系，给予劳动者最大化的报酬和激励，让企业全体员工都可以分享利益。如今，在各工业化国家中，大部分企业实行的是间接报酬体制，而不再采取直接的货币支付体系，也就是股票期权制、利润分享制等，让企业和员工共同分享利益，保持目标的一致性。但是，在实行分享制时应该把分享对象扩大到基层员工。

3. 人力资源战略规划的动态平衡

在企业的人力资源管理活动中，人力资源规划不仅为工作分析、员工配置、人员培训、员工的职业生涯规划提供了依据和基础，在战略层面得到企业的支持，还可以起到指导作用，而且在实施企业总体发展战略规划和目标的过程中，也可适时为适应人力资源管理政策和措施的改变进行调整，指导人力资源管理活动，因此，人力资源规划灵活可变，成为企业人力资源管理活动的纽带。特别是在人力资源的供给和需求方面的动态性表现得尤为显著。人力资源战略规划首先就是为了企业人力资源的合理配置，让供需达到平衡，但是具体的实践中很难将二者平衡，一般情况下，在人力资源构成结构、数量和素质等方面都会产生不平衡现象。企业必须根据人力资源供需预测结果采取一定的举措，以达到平衡的效果。当企业人力资源供给大于需求时，企业可以进行招聘储备人才、扩大业务种类、加强培训或者转岗等方式处理这种情况；当企业员工供给小于需求时，通过外部招聘引进人才很难在短时期实现，所以可以采取培训、人才开发、职业规划、晋升等手段来提升员工的素质与技能，使高层人才得以充盈，同时通过外部招聘的办法加以扶助。即使人力资源战略规划对人才的供给和需求有一定的预测，但是为了保持人力资源长期稳定地处于动态平衡状态下，应提前做好准备。

二、人力资源战略规划的过程

（一）调查准备阶段

1. 环境分析

首先是对人力资源战略规划的内外部环境进行分析，并做出评估。在此环节，需要对企业的内外部环境进行详细的考察，掌握所有与之相关的具体情况。环境分析主要通过两个方面，即内部环境分析和外部环境分析。

内部环境包括企业的研究与开发、制造、市场销售、人力资源和其他对企业的绩效产生影响的方面。内部环境还包括涉及企业内部不同部门的决策行为，如资源分配、制定规划、管理能力开发和客户服务等流程。企业内部的资源包括资本、技术、人力资源等，也是企业在进行内部环境分析时必须要考虑的问题。此外，企业结构、文化、员工等也是企业内部环境的关键组成部分。

企业的外部环境主要包括外部宏观环境与对企业产生影响的竞争者、供应商、顾客等市场主体。企业在对外部环境进行分析时，首先要全面了解，如人口结构、法律、政治、社会和技术变化趋势等宏观企业经营环境。企业还要注意对竞争环境进行分析。企业要能够通过对竞争环境的分析，鉴别竞争对手的行动对自身的威胁和影响。例如，在竞争者发布新的产品时，企业需要加快新产品的研发和设计速度，以激励的手段促进员工的创新等，实现产品的生产。

著名的 SWOT 分析方法认为，对企业的优势、劣势、机会和威胁进行分析可以形成企业的战略。在具体的人力资源战略规划中，最重要最基础的一步就是做好环境分析。

2. 制定人力资源战略

分析了内外部环境后，就可以开始制定具体的人力资源战略规划。企业战略作为一个整体发展战略包括人力资源战略、财务战略、市场战略等子系统。在组成企业整体系统中，人力资源管理系统是其中重要的一部分，同时其系统内也有诸多分支。人力资源系统包括人员规划、人力资源配置与开发、评估与奖励、员工关系等子系统。在这些子系统的共同运作下，人力资源战略才得以实现。人力资源如今也成为企业间竞争的重要因素，影响企业的发展。人力资源战略作为企业战略的一个子系统，对企业战略的实现所起的作用也越来越大。企业有不同的人力资源战略选择，如技能战略、产业战略、工资化战略等。不同的战略所实施的条件不同，可根据实际情况加以选择。

3. 人力资源现状盘点

人力资源现状盘点的目的是可持续地预测人力资源的内部需求与供给。盘点过程需要包含以下内容。

第一，结构性现状分析，如年龄、学历、管理人员比例、技术人员比例、岗位分布情况等；第二，非结构性现状分析，如管理制度、绩效管理、薪酬管理、员工培训与发展、企业文化等；第三，现状差异原因分析，如管理、绩效、薪酬、人才使用政策、企业文化、地域环境等。

（二）预测供需阶段

1. 预测人力资源需求

结合企业的发展战略和方向，在企业的内外综合条件下，选择合理的、科学的技术，预测人力需求结构和数量。从逻辑上讲，人力资源的需求明显是产量、销售量、税收等的函数，但是这几个因素在不同企业的体现是不同的。因此选择因素时需要结合实际情况进行选择。

2. 预测人力资源供给

预测人力资源供给主要从两个方面进行：一是内部人员拥有量预测，即根据现有人力资源及其未来变动情况，预测规划期内各时间点上的人员拥有量；二是外部供给量预测，即确定在规划期内各时间点上可以从企业外部获得的各类人员的数量。一般而言，内部比外部的预测准确度更高，因为内部人员更加透明和公开，而外部情况可能会存在信息不对称的情况。企业在进行人力资源供给预测时应注重考虑内部人员数量的预测，外部供给量的预测则更关注关键人员，如高级管理人员、技术人员等。

3. 确定人员净需求

上一个步骤进行后，就可以将本企业人力资源需求的预测数与同期内企业内部可供给的数量进行对比分析，可预测不同岗位人员的净需求数。如果数字是正数，那么企业急需通过外部招聘引进人才或对现有员工进行有针对性的培训；但是如果数字是负的，那么企业的人员有很多冗余现象，应该精简或对员工进行调配。需要说明的是，这里所说的"净需求"，既包括人员数量又包括人员结构、人员标准，即既要确定"需要多少人"，又要确定"需要什么人"，数量和标准需要对应起来。对企业人员净需求进行预测，可以为企业对外招聘、人员调动提供建议，也可以促使企业进行相关人力资源战略的制定和调整。

企业根据某一具体岗位上员工余缺的情况，可以分析企业在这方面人员的培训、激励上的得失，从而及时采取相应的措施。

（三）制订人力资源战略规划方案

1. 确定人力资源战略规划的目标

人力资源战略规划的目标并不是始终不变的，它是动态的，与企业的内外部环境、战略规划、员工结构和行为等变化有关。当组织的战略规划、年度计划已经确定，基本掌握了组织目前的人力资源需求与供给情况，就可以据此制定组织的人力资源目标。目标可以用最终结果来阐述，例如，"到明年年底，每个员工的年培训时间达到 40 小时"，"到明年年底，将人员精简三分之一"。也可以用工作行为的标准来表达，例如，"到培训的第三周，受训者应该会做这些事⋯⋯"。企业的人力资源目标通常都不是单一的，每个目标可能是定量的、具体的，也可能是定性的、比较抽象的。同时，关键岗位和人员是企业持续增长的关键因素，公司的主要产值贡献来自核心人员创造的无形资产（新知识、新发明等），占员工人口 20% 的核心人员创造了 80% 的产值。

2. 人力资源战略规划方案的制订

人力资源战略规划方案的制订包括制订晋升计划、补充规划、培训开发规划、配备规划等。具体的制订不仅需要有原则性、方针性的政策，也需要有实际操作性的具体方案。不同的结果需要采取的方案和制订的计划也是不一样的。如果预测结果表明组织在未来某一时期内在某些岗位上人员短缺，即需求大于供给，这方面的政策和措施如下：

对企业自有员工进行培训，根据情况对受过培训的员工择优提升补缺并相应提高其工资待遇等；通过岗位培训适当调动人员，弥补关键职位的空缺；延长员工工作时间或增加工作负荷量，同时辅以激励措施；对不合理的工作职责重新设定，提高员工效率；雇用全日制临时工或者非全日制临时工；制定合理的政策外部招聘；改进技术或进行超前生产。解决人力资源短缺最根本、最有效的办法是通过合理政策的制定，并依据科学有效的方法提高员工的积极性，增加员工的参与互动，加强培训提高员工的技能和素质，激发员工的创造力等。如果预测结果表明组织在未来某一时期内在某些岗位上人员过剩，即供过于求，则可采取以下手段：裁员或辞退冗员；精简职能部门，暂时或永久性地关闭一些不盈利的分厂或车间；让部分员工提前退休；再培训，人员调动，外聘优秀人才；减少工作时间（随之亦相应减少工资）；由两个或两个以上的员工分担一个工作岗位，并相应地减少工资。

（四）方案审核与评估

在最终的评估阶段，则可以通过结果进行人力资源战略调整并制定相应的预算。可以在公司中成立由公司总裁、人事部经理以及若干专家和员工代表组成的人力资源管理委员会，对人力资源政策制定的整个环节进行监督和指导，并提出建设性的建议。除这个委员会外，人力资源部门也应采取相应的措施，实时跟进实施的效果。可以采用目标对照审核法，即以原定的目标为标准进行逐项的审核评估；也可以采用广泛收集并分析研究有关的数据，如管理人员、管理辅助人员及直接生产人员之间的比例关系；在某一时期内各种人员的变动情况；职工的跳槽、旷工、迟到、员工的报酬和福利、工伤与抱怨等。通过这种定期性与非定期性的人力资源计划审核工作，可以提高企业高层对这一举措的重视，加强对整体规划和政策的落实，提高员工的积极性，同时提高效率。

第四节　战略规划的环境分析

一、战略规划环境分析概述

21 世纪，人力资源管理的内外环境正在发生巨大的变化，如经济全球化、技术变革、劳动力的多样化、顾客需求的变化等。许多问题成了企业瞩目的焦点，如质量、组织的再设计、流程再造、核心能力、培训等。归根结底，在这些问题的背后是人力资源问题，如何制定人力资源战略及进行人力资源战略规划呢？首先要对人力资源环境进行分析。

人力资源战略规划的第一步是对企业内部和外部环境的变化做出评价。人力资源环境分析是企业制定人力资源战略、进行人力资源战略规划的基础。人力资源环境分析可以与企业在制定企业战略时的环境评价同步进行，也可以只针对人力资源战略规划而单独进行。其中有两点是确定的：一是人力资源环境分析和企业战略环境分析的内容和方法大体是一致的，二是应用目的不同而导致侧重点不同。就企业战略而言，环境分析是其管理过程的基础工作，环境分析的必要性与重要性取决于企业所处环境的变动性与复杂性程度。企业所处的环境变化越快、越复杂，企业越有必要对环境保持警觉，环境分析也就越重要。尽管企业战略形成所依据的是对企业内外部环境情况的分析，但这并不意味着在战略形成后的战略实施和评价阶段的工作就与环境分析完全无关。

从长期的观点来看，企业环境能够为企业的发展提供机会，对企业的生存提出挑战，通过对企业所应承担的社会责任、战略决策者的直觉与偏好、企业职工的精神面貌等因素的潜移默化作用，直接或间接地影响企业的正常经营。企业唯有适应环境的变化，才能求得自身的生存与发展。所以，环境分析应作为企业的一项经常性工作，对处于动态环境之中的企业来说更应如此。当然，强调企业环境分析的必要性与重要性，并非要求企业必须对环境进行全面系统的分析，而是要求企业在制定战略时考虑环境发展，在战略实施与评价时关注环境变化，避免战略管理中的盲目性。

环境分析包括企业外部环境分析与内部环境分析两部分。企业外部环境由存在于组织外部、通常短期内不为企业高层管理人员所控制的变量构成，它可进一步分为任务环境与社会环境两部分。任务环境泛指能够直接影响企业主要运行活动或为企业主要运行活动所影响的要素及团体，如股东、客户、供应商、竞争对手、地方社团、政府部门、金融机构等。社会环境泛指那些对企业活动没有直接作用但又能经常影响企业决策的一般要素，如与整个企业环境相联系的技术、经济、社会文化、政治法律等力量。

企业内部环境由存在于组织内部、通常短期内不为企业高层管理人员所控制的变量构成，具体包括企业的组织结构、文化、资源三部分。其中，组织结构是指企业内部的信息沟通、权力关系、产品或服务流的配置连接方式；文化是指企业成员分享的信念、期望、价值观，这影响和决定了能为企业全体人员所接受的行为规范；资源泛指企业从事生产活动或提供服务所需的人、财、物等能力与条件。

企业外部环境构成了企业存在的框架。一方面，环境变化在增加企业经营风险性的同时也为企业发展提供了丰富的机会，从而影响和决定企业在动态环境中的选择；另一方面，环境会对企业发展提出承担社会非经济责任的要求，从而影响和决定企业在此环境中的抉择。企业内部环境构成了企业做事的框架，其中，资源条件影响企业的实力，也就是企业的优势与不足，决定了企业客观上能做什么；文化价值观，特别是企业战略决策者的热望与追求，决定了企业主观上想做什么与敢做什么。所以，只有通过企业内外部环境分析，找出关键战略要素，即外部机会和威胁与内部优势和弱点，将影响企业可做、应做、能做、想做、敢做的诸方面因素有机结合起来，才能真正做出企业今后的决策。

二、战略规划环境分析的方法

（一）外部环境分析方法

1. 竞争轮廓矩阵

为介绍竞争轮廓矩阵的方法，先引入五种竞争力量模型的概念。五种竞争力量模型由哈佛大学商学院波特教授提出，所以也称波特模型，波特认为，企业最关心的是它所在产业的竞争强度，而竞争强度又取决于市场上存在的五种基本竞争力量，正是这些力量的联合强度影响和决定了企业在行业中的最终盈利潜力。当然，对于不同的企业，其所面临的五种竞争力量的相对强弱情况会有所差异，因而其对企业经营及盈利的相应影响也会有所不同，每家企业都应认真细致地评价这些力量，有重点地分析其对企业经营的不同作用。

（1）潜在进入者威胁

潜在进入者是指产业外那些很有可能进入本产业成为产业内企业竞争对手的企业。潜在进入者的加入会带来两个后果：一是增加新的生产能力和物质资源；二是要求获得一定的市场份额分享垄断利润，因此对本产业里的现有企业构成了威胁。这种威胁被称为潜在进入者威胁，进入威胁的大小主要取决于进入壁垒的大小及现有企业的反应程度。

（2）现有企业间竞争

现有企业间的竞争是指产业内各企业之间的竞争关系和竞争程度。不同产业的竞争程度不同。如果一个产业内主要竞争对手基本上势均力敌，产业内部的竞争必然激烈，在这种情况下某个企业要想成为行业内的领先企业或保持较高的收益水平，就要付出巨大的代价；反之，如果一个产业内竞争对手之间实力相差悬殊，一个或几个企业成为行业内的领先企业与优势企业，企业间的竞争便会相对缓和，优势企业的获利能力就会很大。

（3）替代品的压力

替代品是指那些与本企业产品具有相同或类似功能的产品，如人造纤维在功能上可替代天然纤维，羊肉在营养上可以替代牛肉等。当本产业中生产的产品存在替代品时，生产替代品的企业就给本产业的现有企业带来了一定的竞争压力，替代品的竞争压力越大，对现有企业的威胁就越大。

（4）供方讨价还价能力

供应商是指企业从事生产经营活动所需的各种资源、配件等的供应单位。他们往往采取提高价格或降低产品及服务质量的手段，向产业链的下游企业施加压力，以获取尽可能多的产业利润。纵向利润压榨的成果与该产业链的竞争类型有关。由此可见，供应商的讨价还价能力越强，现有企业的盈利空间就越小。

（5）买主讨价还价能力

在零售业中，这种能力表现为客户搜寻最优性能价格比的过程。作为买方自然希望所购产品物美价廉、服务周到，而且从供应商之间的竞争中坐收渔利，影响买方讨价还价能力的主要因素如下：买方的集中度；买方从供方产业购买的产品占其成本的比重；买方从供方产业购买的产品的标准化程度；转换成本；买方的盈利能力等。

在所有能够影响企业战略地位的环境趋势与事件中，五种竞争力量通常被认为是最具影响力的，而竞争轮廓矩阵就提供了一种用来识别企业特别是竞争对手及其优势与弱点的工具。建立竞争轮廓矩阵可分以下四个步骤。

步骤一：由企业战略决策者识别行业中的关键战略要素，这就是通过研究特定的行业环境与相互讨论，企业战略决策者就哪些要素与企业成功密切相关达成共识。显然，根据前面所述的波特模型，供应商与销售商通常属于关键战略要素，在分析中常用的战略要素还包括市场份额、产品组合广度、规模经济性、设备新度与布局、价格优势、广告与促销效益、经验曲线位置、生产能力与生产率、研究开发地位与优势、财务地位、管理团队、产品质量、企业总体形象等。竞争轮廓矩阵应该包括5~15个关键战略要素。

步骤二：对每个关键战略要素确定一个适用于行业中所有竞争者分析的权重，以此表示相应要素对于在行业中成功经营的相对重要性程度。权重值的确定可以通过考察成功竞争者与不成功竞争者，从中得到启示。每一要素权重值的变化范围从0.0（表示最不重要）到1.0（表示最重要），并且各要素权重值之和为1。

步骤三：对行业中各竞争者在每个战略要素上所表现的力量相对强弱进行评价，评价分的数值通常取1、2、3、4，其中，1表示最弱，2表示较弱，3表示较强，4表示最强。在这一评价中，各分值的给定应该尽可能以客观性的资料为依据，以便得出较为科学的评价结论。

步骤四：将各战略要素的评价值与相应的权重值相乘，得出各竞争者在相应要素上相对力量强弱的加权评价值。对每个竞争者在每一要素上所得的加权评价值进行加总，从而得到每个竞争者在各关键成功要素上力量相对强弱情况的综合加权评价值，这一数值的大小揭示了各竞争者之间在总体力量对比上的相对强弱情况。显然，力量最强的竞争者有最高的得分，而力量最弱的竞争者必然只有最低的得分值。根据前面对于评价分数值的约定，在这里，最高与最低的可能得分值分别为1.0、4.0。

还需要说明的是，通过竞争轮廓矩阵评价所得的各分值的相对大小，仅仅表示各竞争者之间相对竞争力量的地位，这些数字只是提供了分析的手段与决策参考而已，并不能如这些数字相对大小所指明的那样，真正精确指明各竞争者力量之间所存在的相对强弱关系。

2. 外部要素评价矩阵

竞争轮廓矩阵所得出的分析结论，可以作为进行企业外部要素评价矩阵（external factor evaluation，EFE）分析的输入数据；借助于外部战略要素评价矩阵，可以帮助企业战略决策者更为综合全面地认识所掌握的各种环境信息。具体地说，开发企业外部战略要素评价矩阵主要包括以下五个步骤。

步骤一：列出外部环境中的关键战略要素，即企业所面临的主要机会与风险，通常在实际应用中，以列出 10~15 个机会与威胁（即关键战略要素）为宜。

步骤二：为每个要素指定一个权重，以表明该要素对于该行业中企业经营成败的相对重要性。权重取值范围从 0.0（表示不重要）到 1.0（表示很重要），并使各要素权重值之和为 1。

步骤三：用评分值 1、2、3、4 来分别代表相应要素对于企业来说是主要威胁、一般威胁、一般机会、主要机会。

步骤四：将每一要素的权重与相应的评分值相乘，从而得到各要素的加权得分值。

步骤五：将每一要素的加权得分值加总，求得企业外部机会与风险的综合加权评价值。

对于任一企业，其可能的最高与最低综合加权评价值分别为 4.0 与 1.0，其平均综合加权评价值为 2.5。综合加权评价值为 4.0 表示企业处于一个非常有吸引力的行业中，面临丰富的市场机会；综合加权评价值为 1.0 表示企业处于一个前景不妙的行业中，面临严重的外部威胁。

3. 外部环境关键战略要素预测

外部环境关键战略要素的分析，需要大量的关于未来事件与发展趋势的基础资料与信息。从企业战略管理过程的角度来看，仅仅识别出关键战略要素是不够的，还必须借助预测的方法，对这些要素的未来状况做出适当的判断，只有这样才有可能为企业战略方案的拟订提供较为客观的依据。预测方法可以粗略地分为定性与定量两大类，定性预测方法包括销售人员评价法、执行主管判断法、市场调查法、情景分析法、德尔菲法、头脑风暴法等，定量预测方法包括经济计量模型法、回归分析法、趋势外推法等。

预测是在掌握预测对象过去及当前有关资料的基础上，通过各种方式对预测对象未来某个时期的存在状况与可能表现出来的属性事先做出估计，其基本步骤包括确定预测目标、搜集与分析历史资料、建立预测模型、分析评价、修正预测值。由于知道过去并不意味着能够确知未来，预测需要依据一些基本原则，即连贯原则与类推原则。连贯原则认为，事物过去与现在的客观发展规律将会持续到未来，要估计未来只要知道历史规律，则可按此规律外推而得到。类推原则认为，类似体系的结构及其变化具有相似的模式，可以利用已知的局部样本模型估计未知的总体模型，根据已知的甲事物演变发展规律类推未知乙事物的未来演变发展规律。

考虑到实际中很难找到完全符合上述两个原则的预测对象，这意味着从本质上说，要想得到准确的预测结论几乎不可能，尽管也不一定有必要这样做。所以，企业战略决策者必须根据自己的需要，建立适当的可用于企业外部关键战略要素分析的预测模型，有效识别存在于企业外部环境中的机会与威胁，为企业战略管理提供必要的决策信息。

此外，鉴于在企业战略要素分析中，涉及的相关因素很多，如技术创新、文化演变、新产品出现、服务质量改进、竞争对手力量增强、政府工作重心转移、社会价值观改变、经济状况不稳定、不可预见事件发生等，各种因素之间的关系相当复杂，要对众多因素进行预测十分困难，有的企业也经常直接使用一些公开出版物上有关外部环境预测的资料，以此作为有效识别关键环境机会与威胁的依据。

需要说明的是，从预测的角度来看，当前信息技术的迅速发展，定将极大地改变企业运行的内外部环境的关键战略要素，从而对企业战略的制定产生重大的影响，必须引起企业战略管理者的充分重视。例如，通信技术、数据库技术、数据分析技术、图形设备等的进步，在为企业发展创造更为广泛机会的同时，也给一些企业生存带来了威胁，因为信息技术通过缩短产品生命周期、增加分销速度、创造新产品与新服务、冲破传统的区域市场局限、解决历史存在的生产标准化与灵活性不兼容的矛盾、影响规模经济性、行业中五种竞争力量的对比状况，从根本上改变了许多行业所面临的机会与风险的性质。

（二）内部环境分析方法

进行企业内部环境分析，关键在于了解企业当前战略的运行情况，评价这些当前战略对于预期行业环境与竞争环境的适应情况；对企业的内部优势及弱点与外部机会及威胁的情况进行综合评价；明确企业在行业中的竞争地位与力量；对与企业战略密切相关的特别问题进行专门的研究。

可以用来表征企业当前战略运行状况好坏的指标，如企业市场份额升降情况、企业相对于竞争对手边际利润大小、企业净利润与投资报酬率趋势、企业销售增长相对于整个市场是快还是慢、企业竞争地位是改善还是恶化等，比较容易选择并方便用来说明企业经营的成败状况，但是，要想找到一个或若干个评价准则，可以用来真正判定企业当前战略与预期未来行业及竞争环境是否匹配并非易事。要真正比较全面客观地评价企业内外部环境各关键战略要素的匹配情况，必须综合考虑多种因素的影响和作用，这些因素包括：企业当前战略对行业竞争力量及其所面临的关键战略问题是否敏感；与未来行业的关键成功要素耦合的密切程度；对于五种市场竞争力量的抗衡能力；企业各职能领域的支持战略对于企业发展是否有效等。鉴于此，为了有效开展企业内部环境分析，并对企业内外部环境的匹配情况有比较全面的掌握，必须掌握一些必要的企业关键战略要素分析方法。

1. SWOT 分析

SWOT 分析是企业内部优势和劣势与企业外部机会和威胁综合分析的代名词，SWOT 分析作为一种能够迅速掌握、容易使用的企业状况系统分析工具，其主要目的在于对企业的综合情况进行客观公正的评价，以识别各种优势、弱点、机会、威胁要素，并特别将其中与战略相关的要素分离出来。

2. 竞争地位评估

对于企业战略管理者，除了需要知道企业总体优势与弱点所在，还必须对企业的相对竞争地位作进一步的评价。评价企业相对竞争地位需要特别关注的有五个方面的问题，即企业目前的竞争地位是否巩固？如果继续实施目前战略或者只作适当微调，预期今后企业的地位是不断改善还是不断恶化？相对于关键竞争对手而言，企业在各重要竞争变量及行业关键战略要素方面的地位如何？企业最终获得的真正竞争优势有哪些？从行业竞争力量、竞争压力及竞争对手的预期攻势来看，企业的防卫能力如何？

类似于 SWOT 分析，竞争地位评估的焦点在于，根据各有关战略要素相对重要性程度与战略含义的不同，对企业与其竞争对手之间相对竞争力量的强弱做出尽可能科学客观的评价。具体来说，为导出关于企业相对竞争力量的评估结论，可以分以下三步来进行这种评估过程。

步骤一：根据行业分析、竞争对手分析、SWOT 分析所得出的结论，列出决定企业成败的关键战略要素与企业的主要竞争对手。

步骤二：对企业自身及主要竞争对手，根据其在每个关键战略要素上所具有的竞争力量强弱情况，进行从 1 到 5 的五分制评分或从 1 到 10 的十分制评分，也就是竞争力量越弱，给定的评分值越低。

步骤三：将企业自身及主要竞争对手在每个战略要素上的得分值加总，通过比较得分加总值的相对大小，判定企业自身与主要竞争对手在竞争力量总体水平方面的相对强弱情况。

3. 内部要素评价矩阵

企业内部要素评价（internal factor evaluation，IFE）矩阵作为一种有效的分析工具，可以帮助企业对各个职能领域的主要优势与劣势进行全面综合的评价。企业内部要素评价矩阵的开发同样包括五个步骤。

步骤一：识别企业内部环境中的关键战略要素，即企业的优势与劣势，通常在实际应用中，以列出 10~15 个优势与劣势（即关键战略要素）为宜。

步骤二：为每个要素指定一个权重，以表明该要素对于该行业中企业经营成败的相对重要性。权重取值范围从 0.0（表示不重要）到 1.0（表示很重要），并使各要素权重值之和为 1。

步骤三：用 1、2、3、4 来分别代表相应要素对于企业来说是主要弱点、一般弱点、一般优势、主要优势。

步骤四：将每一要素的权重与相应的评分值相乘，从而得到该要素的加权得分值。

步骤五：将每一要素加权得分值加总，就可求得企业内部优势与弱点情况的综合加权评价值。

由上述评价过程可知，对于任一企业来说，其可能的最高与最低综合加权评价值分别为 4.0 与 1.0，其平均综合加权评价值为 2.5。综合加权评价值为 4.0 表示企业具有很强的内部竞争优势，综合加权评价值为 1.0 表示企业面临很大的竞争弱点。

第三章　员工招聘

第一节　员工招聘理论与程序

一、员工招聘的概念

员工招聘是指组织为了实现经营目标与业务要求，在人力资源规划的指导下，根据工作说明书的要求，按照一定的程序和方法，招募、甄选、录用合适的员工担任一定职位工作的一系列活动。

准确理解员工招聘的定义，应当把握以下几个要点：（1）人力资源规划和工作分析是确保招聘科学有效的两个前提。人力资源规划决定了预计要招聘的部门、职位、数量、专业和人员类型。工作分析为招聘提供了参考依据，同时也为应聘者提供了关于该职位的基本信息。人力资源规划和职位分析使得企业招聘能够建立在比较科学的基础上。（2）员工招聘工作主要包括招募、甄选和录用。人员招聘必须发布招聘信息，通过信息发布，让所有具备条件的人员知晓并吸引他们前来应聘。除了发布信息寻求潜在职位候选人之外，招聘工作还包括人员甄选和人员录用等内容。招募、甄选、录用是员工招聘工作的基本流程。（3）人岗匹配是员工招聘的重要原则。成功的招聘活动应该实现人员与岗位的匹配，既不能出现大材小用，也不能出现小材大用。（4）招聘的最终目标是满足组织生存和发展的需要。招聘是人力资源管理的重要职能活动之一，招聘工作和其他的人力资源管理模块一样，都必须服从和服务于组织的战略和目标需要。

二、员工招聘的目标

恰当的时间，就是要在适当的时间完成招聘工作，以及时补充企业所需的人员，这也是对招聘活动最基本的要求。

恰当的范围，就是要在恰当的空间范围内进行招聘活动，这一空间范围只要能够吸引到足够数量的合格人员即可。

恰当的来源，就是要通过适当的渠道来寻求目标人员，不同的职位对人员的要求是不同的，因此要针对那些与空缺职位匹配程度较高的目标群体进行招聘。

恰当的信息，就是在招聘之前要对空缺职位的工作职责内容、任职资格要求以及企业的相关情况做出全面而准确的描述，使应聘者能够充分了解有关信息，以便对自己的应聘活动做出判断。

恰当的成本，就是要以最低的成本来完成招聘工作，当然这是以保证招聘质量为前提条件的，在同样的招聘质量下，应当选择费用最少的方法。

恰当的人选，就是要把最合适的人员吸引过来参加企业的招聘，并通过甄选挑选出最合适的人选。

三、员工招聘的原则

（一）公平公正原则

员工招聘必须遵循国家的法律、法规和政策的规定，坚持平等就业、双向选择、公平竞争，在一定范围内面向社会公开招聘条件，对应聘者进行全面考核，公开考核的结果，通过竞争择优录用。企业对所有应聘者应该一视同仁，不得有民族、性别、信仰、身体状况等方面的歧视。这种公平公正原则是保证用人单位招聘到高素质人员和实现招聘活动高效率的基础，是招聘的一项基本原则。国家关于平等就业的相关法律、法规和政策规范和制约着企业的招募、甄选和录用活动。

（二）因事择人原则

因事择人就是以事业的需要、岗位的空缺为出发点，根据岗位对任职者的资格要求来选用人员。只有这样，才可以做到事得其人，人适其事，防止因人设事，人浮于事的现象。

（三）人岗匹配原则

人岗匹配是招聘工作的重要目标，也是指导组织招聘活动的重要原则。人岗匹配意味着岗位的要求与员工的素质、能力、性格等相匹配，要从专业、技能、特长爱好、个性特征等方面衡量人员与岗位之间的匹配度。另外，人岗匹配也要求岗位提供的报酬与员工的动机、需求匹配，只有岗位能满足应聘者个人的需要，才能吸引、激励和留住人才。

（四）德才兼备原则

德才兼备是我们历来的用人标准。司马光说过一个千古不灭的道理：德才兼备者重用，有才无德者慎用，无德无才者不用。通用电气公司前总裁韦尔奇在他的"框架理论"中也说过此事。他以文化亲和度（品德）为横坐标，以能力为纵坐标，坐标内画十字，这样就把员工分成四类。在谈到对这四类不同员工的政策时，韦尔奇唯独对有能力但缺少文化亲和度（品德）的人提出了警告。因为无德无才的人没有市场和力量，并不可怕，唯独有才无德的人是最有迷惑力和破坏力的，许多企业失败与用错这种人有关。为此，在招聘选用工作中，必须对有才无德的人坚持不用。

（五）效率优先原则

效率优先是市场经济条件下一切经济活动的内在准则，员工招聘工作也不例外。招聘过程中发生的成本主要包括广告费用、宣传资料费用、招聘人员工资补助等。效率优先要求企业在招聘过程中以效率为中心，力争用最少的招聘成本获得最适合组织需要的员工，这就需要人力资源部门和其他部门密切配合，在招聘时采取灵活的方式，利用适当的渠道，作出合理的安排，以提高招聘工作的效率。

四、员工招聘的作用

（一）招聘工作保证企业正常的经营与发展

招聘是企业能够正常运作的前提，一方面，如果没有招聘到合适的员工，企业的研发、生产、销售等工作无法进行，因为这些工作都是由人的活动来完成的；另一方面，在组织中，人员的流动如离职、晋升、降职、退休都是正常和频繁的现象，通过开展招聘活动，可以及时补充人力资源的不足，同时促进企业人力资源的新陈代谢，确保企业正常的经营与发展。

（二）招聘工作为企业注入新的活力，决定了企业竞争力的大小

企业通过招聘工作为企业引进新的员工，新员工将新的管理思想、工作模式和新的观念带到工作中，既为企业增添了新生力量，弥补了企业内部现有人力资源的不足，又给企业带来了更多的新思维、新观念及新技术。如今，企业间的竞争越来越表现为人的竞争，对优秀人才的争夺也成为企业间较量的一个重要方面。有效的招聘可以为企业赢得组织发

展所需要的人才，获得比竞争对手更优秀的人力资源，从而增强企业的竞争力。

（三）招聘工作能提升企业知名度，为企业树立良好的形象

企业通过各种渠道发布招聘信息可以提升企业的知名度，让社会各界更加了解企业，招聘活动是企业对外宣传的一条有效途径。因为企业在招聘的过程中要向外部发布企业的基本情况、发展方向、方针政策、企业文化、产品特征等各项信息，这些都有助于企业更好地展现自身的风貌，使社会更加了解企业，营造良好的外部环境，从而有利于企业的发展。研究表明，公司招聘过程的质量高低明显地影响应聘者对企业的看法，招聘人员的素质和招聘工作的质量在一定程度上被视为公司管理水平和公司效率的标志。正因为如此，现在很多外企对校园招聘给予高度的重视，一方面是要吸引优秀的人才，另一方面也是在为企业做形象宣传。

（四）招聘工作影响着人力资源管理的成本

作为人力资源管理的一项基本职能，招聘活动的成本构成了人力资源管理成本的重要组成部分，招聘成本主要包括广告的费用、宣传资料的费用、招聘人员的工资等，全部的费用加起来一般是比较高的，比如在美国，每雇用一个员工的招聘成本通常等于这名员工年薪的1/3。因此，招聘活动的有效进行能够大大降低它的成本，从而降低人力资源管理的成本。

五、员工招聘的程序

（一）准备工作

1. 确定招聘需求

确定招聘需求是整个招聘活动的起点，招聘需求包括招聘的数量和招聘的质量，招聘的数量是指空缺的岗位人数，招聘的质量是岗位需要具备的任职资格。招聘需求一般由用工部门提出并向人力资源部提交人员需求表，人力资源部门再根据组织的人力资源规划，与用人部门共同讨论并确定哪些职位确实需要补充人员，哪些职位能通过内部调剂或加班的方式解决。只有明确招聘需求，才能开始进行招聘工作。

2. 组建招聘团队

人力资源的有关工作不是全部由人力资源部门负责，需要其他部门分工协作共同完成，招聘工作也是如此。一般来说，招聘团队应由人力资源部门和具体的用人部门挑选出

来的成员组成，由具体的用人部门共同参与招聘工作，这是因为用人部门从专业的角度出发，能多方面、多角度、深层次地测试出应聘者的真实水平，减少招聘失误，以免耽误时机和浪费人力资源成本。

3. 选择招聘渠道

招聘渠道可分为内部招聘渠道和外部招聘渠道，内部招聘是从组织内部发掘人才以填补职位空缺的方法，外部招聘是指从组织外部获取人才以填补组织内部职位空缺的方法。内部招聘渠道和外部招聘渠道各有利弊，企业应根据空缺的职位特点权衡利弊，选择恰当的招聘渠道，保证招聘的有效性。

4. 制订招聘计划

（1）招聘的规模

招聘的规模是指企业准备通过招聘活动吸引应聘者的数量，招聘规模不能太大也不能太小，招聘规模太大会增加企业招聘的工作量和招聘成本；招聘规模太小，又不利于企业获取所需的人才，所以企业的招聘规模应适中。一般来说，企业是通过招聘录用的金字塔模型来确定招聘规模的，也就是说将整个招聘录用过程分为若干个阶段，以每个阶段参加的人数和通过的人数的比例来确定招聘规模。

在金字塔模型中，当企业的职位空缺为 10 个人时，如果确定面试与录用的比例为 3：1，则需要 30 人来参加面试；当笔试与面试的比例为 10：3 时，所需要参加笔试的人为 100 人；应聘者与参加笔试者的比例为 10：1 时，需要有 1000 人来参加应聘，也就是说企业的招聘规模为 1000 人。招聘录用金字塔模型可以帮助企业的人力资源部门很好地策划招聘活动，同时估算招聘所需要的费用。

（2）招聘的范围

一般来说，招聘活动的地域范围越大，越有可能招聘到合适的人才，但相应的成本也会越高，因此，招聘须在适当的范围内进行。首先，要视空缺职位的类型而定。对于技能要求较低或比较普通的职位来说，企业从当地的劳动力市场上就可获得所需人员；随着职位层次的提高，由于符合要求的人员比例降低，招聘范围也应随之扩大，有时需要超出本地劳动力市场范围才能找到合适的人选。其次，还要考虑当地的劳动力市场状况，如果当地劳动力较为富余，则依靠本地劳动力市场即可解决问题；相反，如果当地劳动力市场比较紧张，则须将招聘范围扩大至本地区以外的劳动力市场以弥补空缺。所以，企业必须权衡招聘成本与招聘效果，视自身情况控制招聘范围。

（3）招聘的时间

招聘工作需要花费一定的时间，而且时间越宽裕，招聘效果通常会越好。但企业是因

为有人员需求才进行招聘，如果不能及时填补职位空缺，则会影响到企业的正常运转。所以，企业应合理确定招聘时间，在确定招聘时间时，企业应全面考虑可能发生的情况，如通知的邮寄时间、应聘者的行程时间等，以使规定的期限符合实际。一般来说，招聘时间可用以下公式来表示：

$$招聘时间 = 用人时间 - 招聘周期 - 培训周期$$

（4）招聘的预算

招聘需要一定的成本，因此在招聘工作开始前，要对招聘的预算进行估计，以保证招聘工作的顺利进行，以及日后对招聘效果进行评估。招聘过程中发生的费用通常包括人工费用、广告费用、业务费用等，有的企业还为应聘者报销食宿及往返路费，这些都要包含在招聘预算中。在计算招聘费用时，应当仔细分析各种费用的来源，并归入相应的类别中，以免出现遗漏或重复计算。

（二）员工招募

招聘准备工作就绪后，就进入员工招募环节。所谓员工招募，就是指寻找员工可能的来源和吸引他们到组织应征的过程。

在这一阶段，企业要将招聘信息通过多种渠道向社会发布，向社会公众告知用人计划和要求，确保有更多符合要求的人员前来应聘以供筛选。一般来说，信息发布面越广、越及时，接收到信息的人越多，应聘者就越多，组织选择范围也越大，但相应的信息发布的费用就越高。发布招聘信息要注意两个方面的问题，一是招聘信息包含的内容，二是发布招聘信息应遵循的原则。

1. 招聘信息应包含的内容

为了使应聘者能客观地了解企业和所需应聘的岗位，做出正确的选择，发布的招聘信息至少应包含以下内容：①该工作岗位的名称及工作内容；②必备的任职资格；③应聘的程序；④招聘的截止日期；⑤有关招聘组织的描述性信息；⑥薪金和福利的相关信息；⑦工作条件、工作时间、工作地点等信息；⑧对求职信或个人简历的要求。

2. 发布招聘信息应遵循的原则

（1）广泛原则

发布招聘信息的面越广，接收到该信息的人就会越多，则应聘人员中符合职位要求的人比例就会越大。

（2）及时原则

在条件允许的情况下，招聘信息应该尽早地向社会公众发布，这样有利于缩短招聘进程，而且有利于使更多的人获知信息。

（3）层次原则

由于潜在的应聘人员都处在社会的某一层次，应根据空缺职位的特点，通过特定渠道向特定的人员发布招聘信息，以提高招聘的有效性。

（4）真实原则

在向外界发布招聘信息时，一定要客观真实。在招聘过程中，企业和员工是双向选择，员工只有通过招聘信息真实地了解企业，才能正确地选择，避免因企业发布虚假信息而误导求职者，导致其成功应聘进入企业后不久便离职的现象。

（三）员工甄选

员工甄选是指组织根据一定的条件和标准，运用科学的方法和手段，对应聘者进行严格的审查、比较和选择，发现和获得组织所需要员工的过程。甄选是员工招聘过程中最关键的一个环节，甄选质量的高低直接决定选拔出来的应聘者是否能达到组织的要求；甄选的最终目的是将不符合要求的应聘者淘汰，挑选出符合要求的应聘者供企业进一步筛选。

（四）人员录用

应聘者经过层层筛选，最后一个步骤就是录用。人员录用是指对从招聘选拔阶段层层筛选出来的候选中选择出的符合组织需要的人做出最终录用决定，通知其报到并办理就职手续的过程。人员录用对组织来说至关重要，如果有失误则可能使整个招聘过程功亏一篑。人员录用主要包含以下几个方面的内容：

1. 录用决策

录用决策主要是对甄选过程中产生的信息进行综合评价与分析，明确每个求职者的胜任素质和能力特点等，根据预先设计的人员录用标准对所有候选人进行客观、公正的评价，确定最符合企业要求的人选。

2. 通知应聘者

（1）录用通知

作出录用决策后，企业应及时通过正式信函、电话、邮件等方式通知录用者，让录用者了解具体的职位、职责、薪酬等，并知会报到时间、地点、方法及报到应携带的资料与注意事项等。在通知报到录用时，最重要的是及时原则，如果通知不及时可能会失去优秀人才，并影响了企业的形象。

（2）辞谢通知

除了通知录用者，企业还应该在第一时间以礼貌的方式通知未录用者，让他们了解到最终的结果，避免盲目等待。其实，对未被录用的应聘者进行答复是有必要的，因为它有助于提升企业的形象，还可能对以后的招聘产生有利的影响。企业在答复未被录用的应聘者时最好采用书信或邮件等书面形式，在措辞上，要尽量坦率、礼貌、简洁，同时应该具有鼓励性。

3. 员工入职

在这一阶段员工需要完成繁琐的入职手续。第一，新员工要到人力资源管理部门报到，填写新员工档案登记表，签订劳动合同，办理各项福利转移手续；第二，新员工所在部门的管理者还需要帮助新员工熟悉与工作相关的各类事情；第三，企业还应该开展新员工培训，使其了解企业的基本情况和企业文化，还应该培训与工作岗位相关的知识与技能，满足工作岗位的需要；第四，新员工要到相关部门办理各类手续，比如，领取办公用品和设备、工作服、门卡、饭卡等。

4. 试用与正式录用

新入职的员工在签订劳动合同后，企业如果要求有试用期的，根据劳动合同法的规定实行试用期。试用合格后，试用期满需要根据劳动合同法办理转正手续，办理转正手续后，员工就成为企业的正式员工，开始承担正式员工的责任与义务，同时也开始享受正式员工的各种权利。

（五）招聘效果评估

招聘效果评估是招聘过程中必不可少的一个环节，对这一点很多企业不重视，招聘效果评估通过成本与效率的核算，可以帮助企业发现招聘过程中存在的问题，对招聘计划、发布招聘信息、甄选方法、招聘的来源等进行优化，提高以后招聘的效果。对招聘效果进行评估，一般要从招聘的时间、招聘的成本、应聘比率、录用比率几个方面进行。

1. 招聘的时间

在招聘计划中一般都会对招聘时间进行估计，在招聘活动结束后，要将招聘过程中各阶段所用的时间与计划的时间进行对比，对计划的准确性进行评估，为以后更加准确地制定招聘时间提供依据。

2. 招聘的成本

招聘成本评估是指对招聘过程中的费用进行调查、核实，并对照预算进行评价的过程。招聘成本是鉴定招聘效率的一个重要指标，具体可以划分为两个方面：

（1）前期招聘成本

包括员工招募成本和员工甄选成本，招募成本包括发布信息、办公、劳务、食宿等费用，甄选成本包括对员工进行甄选过程中产生的各种费用。

（2）后期招聘成本

包括录用成本、安置成本、离职成本。录用成本是指录取的手续费、调动补偿费、搬迁费和旅途补助费等由录用引起的相关费用；安置成本是指安排新员工到新岗位所产生的各种行政管理费用、为新员工提供工作场所需要的装备费用；离职成本是指因招聘不慎，员工入职不久就离职而给企业带来的损失。

对招聘成本进行评估之后，与招聘预算进行对比，以利于下次更精准地制定预算。

3. 应聘比率

这是对招聘效果数量方面的评估，说明员工招聘的挑选余地和信息发布的状况，该比率越大，说明组织的招聘信息发布得越广泛、越有效，组织的挑选余地也就越大，招聘信息发布效果也越好。

4. 录用比率

这是对招聘效果质量方面的评估，该比率越小，表明对企业来说可供选择的人越多，实际录用者的素质可能越高；反之，说明企业可供筛选的人越少，则实际录用者的素质较低可能性越大。

第二节　招聘的渠道与方法

一、员工招聘的渠道

（一）内部招聘

内部招聘就是从组织内部选拔合适的人才来补充空缺或新增的职位。内部招聘具有很明显的优点：第一，从选拔的有效性和可信度来看，管理者和员工之间的信息是对称的，不存在"逆向选择"（员工为了人选而夸大长处，弱化缺点）问题，也不存在道德风险的问题。因为内部员工的历史资料有案可查，管理者对其工作态度、素质能力以及发展潜能等方面有比较准确的认识和把握。第二，从企业文化角度来分析，员工与企业在同一个目标基础上形成的共有价值观、信任感和创造力，体现了企业员工和企业的集体责任及整体关系。员工在组织中工作过较长一段时间，已融入企业文化中，视企业为他们的事业和命运的共同体，认同组织的价值观念和行为规范，因而对组织的忠诚度较高。第三，从组织的运行效率来看，现有的员工更容易接受指挥和领导，易于沟通和协调，易于消除边际摩擦，易于贯彻执行方针决策，易于发挥组织效能。第四，从激励方面来分析，内部选拔能够给员工提供一系列晋升机会，使员工的成长与组织的成长同步，容易鼓舞员工士气，形成积极进取、追求成功的气氛，达成美好的愿景。

（二）外部招聘

外部招聘则是从组织外部招聘德才兼备的人加盟进来。外部招聘具有如下优点：第一，外部招聘是一种有效的与外部信息交流的方式，企业同时可借机树立良好的外部形象。新员工能够带给企业不同的经验、理念、方法以及新的资源，使得企业在管理和技术方面能够得到完善和改进，避免了"近亲繁殖"带来的弊端。第二，外聘人才可以在无形当中给组织原有员工施加压力，使其形成危机意识，激发斗志和潜能，从而产生"鲶鱼效应"。第三，外部挑选的余地很大，能招聘到许多优秀人才，尤其是一些稀缺的复合型人才，这样还可以节省大量内部培养和培训的费用，并促进社会化的合理人才流动。第四，外部招聘也是一种很有效的信息交流方式，企业可以借此树立良好形象。

外部招聘也不可避免地存在着不足。比如，信息不对称，往往造成筛选难度大，成本高，甚至出现"逆向选择"；外部招聘的员工需要花费较长时间来进行培训和磨合，学习成本较高；可能挫伤有上进心、有事业心的内部员工的积极性和自信心，或者引发内外部人才之间的冲突；"外部人员"有可能出现"水土不服"的现象，无法融入企业文化氛围中；可能使企业沦为外聘员工的"中转站"等等。

（三）企业在选择招聘渠道时应遵循的原则

1. 在高级管理人才的选拔过程中应当遵循内部优先的原则

高级管理人才能够很好地为企业服务，一方面是依靠自身的专业技能、素质和经验，能够为企业服务；另一方面更重要的是对企业文化和价值观念的认同，愿意为企业贡献自己全部的能力和知识，而后者是无法在短期内完成和实现的。

2. 外部环境剧烈变化时企业必须采取内外结合的原则

当外部环境发生剧烈变化时，行业的经济技术基础、竞争态势和整体游戏规则发生根本性的变化，知识老化周期缩短，原有的特长、经验成为学习新事物新知识的一种包袱，企业会受到直接的影响。这种情况下，从企业外部、行业外部吸纳人才和寻求新的资源，成为企业生存的必要条件之一，不仅因为企业内部缺乏所缺的专业人才，同时时间也不允许坐等企业内部人才的培养成熟，因此必须采取内部招聘与外部招聘相结合的方式进行人才选拔。

3. 企业快速成长时应当广开外部招聘渠道的原则

对于处于成长期的企业，由于发展速度较快，仅仅依靠内部选拔与培养无法跟上企业的发展，同时由于企业人员规模的限制，选择余地相对较小，无法得到最佳的人选。这种情况下，企业应当采取更为灵活的措施，广开渠道，吸引和接纳需要的各类人才。

4. 企业文化类型的变化决定选拔方式的原则

如果组织要维持现有的强势企业文化，不妨从内部选拔，因为内部的员工在思想、核心价值观念、行为方式等方面对于企业有更多的认同，而外部的人员要接受这些需要较长的时间，而且可能存在风险。如果企业想改善或重塑现有的企业文化，可以尝试从外部招聘，新的人员带来的新思想、新观念可以对企业原有的东西造成冲击，促进企业文化的变化和改进完善。

二、员工招聘的方法

内部招聘主要通过企业内部人力资源信息系统搜寻、主管或员工推荐、职位公告等方法来进行；外部招聘主要通过广告招聘、推荐或自我推荐、人才介绍机构、人才交流会、校园招聘、网络招聘等方法来进行。

（一）内部招聘的方法

1. 企业内部人力资源管理信息系统

一个完整的企业内部人力资源管理信息系统必须对企业内部员工的三类信息进行完整的收集与整理：个人基本资料，包括年龄、性别、学历、专业、主要经历等；个人特征资料，包括特长、性格、兴趣爱好、职业期望等；个人绩效资料，包括从事的工作与担任的职务、工作业绩、工作态度、绩效评价等。当企业出现职位空缺时，可根据职位对人员任职资格的要求，在企业内部的人力资源信息系统进行搜寻。根据搜寻所获得的信息，找出若干个职位候选人，再通过人力资源部与这个应聘者进行面谈，结合应聘者本人的意愿和期望选择适岗的人选。

2. 主管或员工推荐

是由本组织主管或员工根据组织的需要推荐其熟悉的合适人员，供人力资源部门进行选择和考核。推荐人对组织和被推荐者都比较了解，所以成功的概率较大，是企业经常采用的一种方法。一般来说，组织内部最常见的是主管推荐，因为主管一般比较了解潜在的候选人的能力，由主管提名的人选具有一定的可靠性，而且主管也会因此感到自己有一定的决策权，满意度比较高。但主管推荐可能会因为个人因素的影响，出现任人唯亲而不是任人唯贤的局面。

3. 职位公告

职位公告是指在组织内将职位空缺公之于众，通常要列出有关空缺职位的工作性质、人员要求、上下级监督方式，以及工作时间、薪资等级等，同时应附以公告日期和申请截止的日期、申请的程序、联系电话、联系地点和时间等。将公告放在组织内所有员工都可以看见的地方，比如企业的公告栏、内部报刊、公司网站等。

（二）外部招聘的方法

1. 广告招聘

广告招聘一般是由人力资源部门按照组织的员工招聘规划，选择合适的广告媒体或宣传媒介，通过发布由自己或专业部门制作的招聘广告吸引外部人才前来应聘的方法。企业通过媒体广告发布招聘信息时，应注意两个问题，一是广告媒体的选择；二是广告的设计。

（1）广告媒体的选择

通常，可采用的广告媒体主要有报纸杂志、广播电视、互联网、印刷品等。组织在选择广告媒体的时候，应考虑媒体本身的信息承载能力、传播范围及各自的优缺点。

（2）广告的设计

好的招聘广告能吸引更多的求职者关注，而且设计精良的招聘广告有利于树立和提升组织的良好形象，因此广告的设计就显得尤为重要。招聘广告的设计要注意以下几个问题。

①广告的形式和内容要能够引起人们的注意，激发求职者的兴趣，一般来说，招聘广告应遵循"AIDA"的原则：

A——Attention，指的是广告能引起求职者的注意；

I——Interest，指的是广告要能激起人们对空缺职位的兴趣；

D——Desire，指的是广告要唤起人们应聘的愿望；

A——Action，指的是广告要能够促使人们采取行动。

②广告传递的信息要客观准确。企业所发布的招聘信息，包括组织情况介绍、薪酬福利、晋升机会等信息要客观真实，同时不要以不能兑现的承诺来误导大家。

③招聘广告的设计还要避免出现歧视性的内容，比如应避免在招聘条件中对性别、身

高、年龄、健康状况、地域、民族、信仰等进行歧视性的限制，以免给企业带来不必要的法律纠纷。

2. 推荐或自我推荐

通过企业的员工、客户以及合伙人等推荐人选，这种招聘方式最大的优点是企业和应聘者双方掌握的信息较为对称。介绍人会将应聘者真实的情况向企业介绍，免去了企业对应聘者进行真实性的考察，同时应聘者也可以通过介绍人了解企业各方面的内部情况，从而做出理性选择。目前已经有许多企业采用这种招聘方式，如高露洁公司就鼓励员工推荐并设置了一些激励手段，如果应聘者被录取，介绍人将会得到一定的奖金。

自我推荐指组织收到那些对公司工作感兴趣的人主动提出的申请或者简历。这种方式通常在薪酬政策、组织氛围、工作条件、发展前景等方面都有较好声誉的组织中盛行。许多组织会将这些主动提供的信息存入人力资源信息系统中，并在出现职位空缺时通过该系统获取自荐人的信息。

3. 人才介绍机构

这种机构一方面为企业寻找人才，另一方面也帮助人才找到合适的雇主，一般包括针对中低端人才的职业介绍机构以及针对高端人才的猎头公司。企业通过这种方式招聘是最为便捷的，因为企业只需把招聘需求提交给人才介绍机构，人才介绍机构就会根据自身掌握的资源和信息寻找和考核人才，并将合适的人员推荐给企业。但是这种方式所需的费用也相对较高，猎头公司一般会收取人才年薪的30%左右作为猎头费用。

4. 人才交流会

相对于职业中介机构来说，人才交流会可以为企业与求职者提供相互交流的平台，使企业能够获取大量应聘者的相关信息。在条件允许的情况下，甚至可以对其进行现场面试，极大提高招聘的成功率，而且这种招聘是在信息公开、竞争公平的条件下进行，便于树立企业的良好形象。

5. 校园招聘

校园招聘是许多企业采用的一种招聘渠道，企业到学校张贴海报，进行宣讲会，吸引即将毕业的学生前来应聘，对于部分优秀的学生，可以由学校推荐，对于一些较为特殊的职位也可通过学校委托培养后，企业直接录用。通过校园招聘的学生可塑性较强，充满活力，素质较高。但是这些学生没有实际工作经验，需要进行一定的培训才能真正开始工作，且不少学生由于刚步入社会对自己定位还不清楚，工作的流动性也可能较大。

6. 网络招聘

网络招聘一般包括企业在网上发布招聘信息甚至进行简历筛选、笔试、面试。企业通常可以通过两种方式进行网络招聘，一是在企业自身网站上发布招聘信息，搭建招聘系统；二是与专业招聘网站合作，如中华英才网，前程无忧，智联招聘等，通过这些网站发布招聘信息，利用专业网站已有的系统进行招聘活动。网络招聘没有地域限制，受众人数大，覆盖面广，而且时效较长，可以在较短时间内获取大量应聘者信息，但是随之而来的是其中充斥着许多虚假信息和无用信息，因此网络招聘对简历筛选的要求比较高。

第三节　员工甄选

甄选即为甄别和选择之意，也称为筛选和选拔。在现代人力资源管理中，它是指通过运用一定的工具和手段对已经招募到的求职者进行鉴别和考察，区分他们的人格特点与知识技能水平，预测他们未来的工作绩效，从而最终挑选出最符合组织需要的、最为恰当的职位填补者的过程。甄选过程的复杂性在于，组织需要在较短的时间内、在信息不对称的情况下，正确地判断出求职者能否胜任所应聘的岗位，以及求职者能否认同本组织的企业文化与价值观，从而在未来的岗位上达成优良的绩效。在甄选的过程中，组织需要解决如何挑选合适的人，然后将他们正确地配置在合适的岗位上。总的来说，所有的甄选方案都是要努力找出那些最有可能达到组织绩效的人，但不是说一定要挑选出那些非常优秀的人才是最合适的，相反，甄选的目的在于谋求职位与求职者最优匹配。

员工甄选工作对一个组织来说是非常重要的。首先，组织的总体绩效在很大程度上是以员工个人的绩效为基础的，能否找到合适的员工是确保组织战略目标实现的最大保障；其次，如果甄选工作失误，组织将付出较高的直接成本和机会成本，直接成本包括招募成本、甄选成本、录用成本、安置成本、离职成本，机会成本是指因为用人不当，可能会使组织错失良好时机而给组织带来损害甚至是毁灭性的打击；最后，甄选失误可能会对员工本人造成伤害，错误甄选代价不只由组织来承担，同样会给员工造成损失和伤害。

一、审查求职简历和求职申请表

（一）求职简历

求职简历又称为履历表，是求职者向组织提供背景资料和进行自我陈述的一种文件。简历的内容一般包含个人基础信息、教育背景、工作经历、个人技能、求职意向、自我评价等。简历是求职者一种自我宣传的手段，通常没有严格统一的规格，形式灵活，随意性大，便于求职者充分进行自我表达。在筛选简历时应该注意简历信息的真实性问题，比如，一份简历在描述求职者的工作经历时，列举了一些知名企业和高级职位，而他所应聘的却是一个普通职位，这就要引起注意，这份简历可能存在工作经历造假。简历中造假的现象有很多，比如学历造假、工作经历造假、荣誉造假等。对于有疑惑的简历要避免个人主观臆断，要将这些存在疑惑的地方标出，面试时可询问应聘者或在录用前进行背景调查。

（二）求职申请表

求职申请表是由企业人力资源部门设计的由求职者填写的一种规范化的表格。求职申请表主要用于收集应聘者背景和现状的基本信息，以评价应聘者是否能满足最基本的职位要求。有些需要经常性、大量招聘的企业往往会要求求职者填写本企业编制的电子求职申请表，以此来收集企业感兴趣的信息，并运用电子化申请表筛选系统，将不符合条件的电子申请表直接淘汰出局，这些都为初步的筛选工作提供了很大的便利。

求职简历和求职申请表的筛选主要是对求职者进行初步过滤，把明显不合格的求职者剔除出去，以免让这部分求职者进行后续的甄选程序，给组织带来不必要的成本负担。

二、笔试

笔试是一种最古老而又最基本的选择方法，它是让应聘者在试卷上答事先拟好的试题，然后根据应聘者解答的正确程度评定成绩的一种选择方法。笔试可以有效地测试应聘者的基础知识、专业知识、管理知识、综合分析能力、文字表达能力等。

笔试的优点主要体现在以下几个方面：①笔试可以对大批应聘者同时进行，成本低，省时省力；②笔试可以涵盖较多的考试内容，能对应聘者的知识进行全面测试；③面对同样的测试题，体现了招聘的公平性；④应聘者在面对一张试题时心理压力相对较小，能够发挥真实水平；⑤笔试试题和考试结果可以长期保存，为综合评定提供依据，也可以为以后的招聘工作提供参考。

笔试方法同时也存在一定的局限性。首先，笔试要求应聘者以书面形式作答，所以无法考察应聘者的口头表达能力、灵活应变能力、操作能力、组织管理能力等；其次，可能会因为某些应聘者能力较低但善于考试而出现高分低能的情况；最后，考试过程中可能出现舞弊的情况，使考试成绩不能反映应聘者的真实水平。

三、面试

面试是现代企业实践中运用最广泛的一种员工甄选方法，几乎所有的企业在员工甄选过程中都要使用面试，而且有时还不止一次地在甄选的相关程序中使用。面试是指面试官通过与应聘者在指定的时间和地点，面对面地观察和交谈，了解应聘者的知识技能、个性特点、求职动机等，其目的是通过分析应聘者的回答及观察他们所作出的各种反应，考察应聘者是否具备相关职位的任职资格的一种人员测评技术。

面试具有简便快捷、容易操作、不需要复杂的专用测试工具和方法等优点，能对应聘者的表达能力、分析能力、判断能力、应变能力进行全面的考察。另外，也可以直观地了解应聘者的气质，修养，风度，仪表仪态等，所以面试这种甄选方法很自然地受到各种组织的普遍欢迎。但是，面试也有局限性，一方面，面试的结果是由面试小组或面试官个人通过主观判断得出的，因此判断的结果可能存在偏差；另一方面，面试的成本较高，包括时间成本和人工成本等。因此，任何组织都要重视采取相关措施来提高面试的有效性，同时也要将面试和其他甄选方法结合使用，将各种甄选方法的缺陷降至最低。

（一）面试的种类

1. 根据面试结构划分

（1）结构化面试

结构化面试又称标准化面试，是指按照事先设计好的面试内容、程序、评分结构等进行的面试。在这种面试中，面试考官手中会有一份对所有应聘者提出的标准化问题提纲，这些问题包括有关应试的工作经历、教育背景、专业知识、业余爱好、自我评价等方面。这种面试的优点是面试官根据事先设计好的问题提问，避免遗漏一些重要的问题，而且所有的应聘者回答的都是同样的问题，应聘者之间可以对照比较，比较公平也容易得出结论。但缺点是缺乏灵活性，面试官不能深入地了解应聘者。

（2）非结构化面试

非结构化面试是指在面试的过程中，不存在结构化的面试或必须遵循的格式，面试官可就与工作有关的问题向应聘者随意提问，没有事先设计的问题提纲，而且可以根据应聘者的回答进行追问。非结构化面试的优点是比较灵活，面试官与应聘者之间的谈话会显得比较流畅和自然，针对不同的应聘者可以提出不同的问题，收集的信息更有针对性，而且可以对应聘者进行深入了解。但是这种面试方法也有不利之处，首先，没有事先设计问题提纲，很容易遗漏一些重要的问题；其次，由于面试官是自由提问，面试的问题很容易受到面试官个人兴趣或工作背景的影响；最后，由于对不同的应聘者提出的问题不同，可能对不同的应聘者提出的问题难易程度不同，而导致不公平的现象存在。

（3）半结构化面试

半结构化面试是介于结构化面试与非结构化面试之间的一种面试方法。面试官根据事先设计好的问题提纲进行提问，然后可以根据应聘者的回答进行追问，以达到对应聘者进一步了解的目的。半结构化面试结合了结构化面试和非结构化面试的优点，使得面试官在面试过程中有一定的自主权而又不偏离主题，可以做到面试的结构性与灵活性相结合，因而半结构化面试在许多企业广泛使用。

2. 根据面试组织形式划分

（1）单独面试

单独面试又称一对一面试，是由一个面试官对一个应聘者进行单独面试，面试官进行口头引导或询问，应聘者作出回答。这种方式比较省时，但单独依靠一个面试官得出的面试结论作出的甄选决策，可能难以确保决策的准确性。

（2）小组面试

小组面试又称陪审团式面试，是指由多个面试官对一个应聘者进行面试，若干个面试官可以从不同的角度对应聘者发问，可以使各位面试官在提出问题时相互补充并层层递进地深入挖掘，最后收集到的信息比较全面，得到的结果也更加可靠。但是这个小组面试的形式使应聘者感觉压力比较大，因而可能影响其正常发挥。

（3）集体面试

集体面试是指多位面试官同时对多个应聘者进行面试的方法。这种面试方法可以节省面试官的时间，同时可以对多个应聘者回答同一个问题的不同反应作出比较评价。在这种面试中，面试官往往会提出一个问题后，由大家自由发表意见，而面试官们在旁边注意观察每一个应聘者的回答和作出的反应，这样有助于考察应聘者在群体当中的思维方式和行为方式，评价他们的人际交往能力和语言表达能力等。

（二）面试的基本程序

1. 面试准备

（1）选择面试官

选择面试官非常重要，作为面试官必须有较好的表达能力、观察能力、控制能力、总结归纳能力等，有经验的面试官能够很好地掌握面试进程，能够通过对应聘者的观察作出正确的甄选决策。面试官一般由人力资源部门和业务部门的人员组成。

（2）培训面试官

面试官是否具备基本的面试技巧，能否在作出评价时避免犯一些错误，对于面试的有效性有至关重要的影响。对于面试官的培训要关注几个方面：一是面试官在面试过程中的询问、交谈、引导、控制的各种技巧；二是面试官要学会与不同的面试者打交道；三是面试官在进行评价时应避免出现各种偏差，如晕轮效应、刻板效应、面试次序差异。

（3）明确面试时间

这不仅可以让应聘者充分做好准备，更重要的是可以让应聘者提前对自己的工作进行安排，避免与面试时间发生冲突，以保证面试的顺利进行。

（4）了解应聘者的情况

面试官应提前了解应聘者的相关资料，对应聘者的情况有基本的了解，做到心中有数，方便有面试的时候有针对性地进行提问，以提高面试的效率。

（5）准备面试材料

准备的面试材料包含工作说明书、面试问题提纲、面试评价表、应聘者的求职简历或求职申请表格等。面试评价表记录应聘者在面试过程中的表现和面试官对应聘者的评价，注意对不同的岗位，面试评价表中的各项要素和权重要有所不同。

（6）安排面试场所

面试场所的选择影响着面试的效果，面试场所应该大小适中、明亮整洁、安静幽雅，为应聘者提供一个好的环境，同时也为企业树立良好形象。

2. 面试实施

（1）引入阶段

应聘者刚开始面试时，难免会比较紧张，此时作为考官应该问一些比较轻松的话题，消除应聘者的紧张情绪，营造轻松融洽的气氛。

（2）正题阶段

在这一阶段，考官应根据面试提纲和进程安排对应聘者提问，并同时观察和记录应聘者的反应。考官的提问要注意以下几个方面：①提问应当明确，不能含糊不清或存在在歧义，并且提问不宜太长；②提问时尽量避免应聘者用"是"或"否"回答问题；③对于应聘者回答的问题正确与否，不要做任何评价，要学会倾听并给予目光鼓励，尽量不要出现异常的肢体语言，以免影响应聘者发挥；④注意控制时间，不要被应聘者支配整个面试，遇到滔滔不绝的应聘者，应懂得转移话题进行引导。

（3）收尾阶段

相关问题提问完毕之后，考官可以鼓励应聘者提出一些与应聘岗位有关的问题并为其解答。同时，应提醒应聘者关注面试结果的通知，并对应聘者参加此次面试表示感谢。

3. 面试结束

面试结束以后，尽快地整理面试评价表、面试记录等文件，以便于全部面试结束后进行综合评定，做出录用决策。

四、评价中心

（一）公文筐测试

公文筐测试又称公文处理测试，是在假定的环境下实施，让应聘者以管理者的身份去处理该职位在真实的环境中需要处理的各类公文。这是评价中心中运用得最多的，也是最重要的测量方法之一。在模拟活动中，文件筐中装有各种文件和手稿：电话记录、留言条、办公室的备忘录、公司正式文件、客户的投诉信、上级的指示、人事方面的信息（如求职申请或晋升推荐信）等，这样的资料一般有 10～25 条，有来自上级的也有来自下级的，有组织内部的也有组织外部的，有日常的琐事，也有重大的紧急事件。

（二）角色扮演

角色扮演是由招聘人员设计一个模拟情境，在这个情境中会出现很多矛盾和冲突，应聘者要以某种角色进入该情境，去处理解决这些矛盾和冲突。该情境中的其他角色通常由招聘人员或其专门安排的人员扮演，这些人随时会为应聘者制造一些棘手的问题，并要求其在一定时间内解决。比如以招聘推销员为例，面试官会要求应聘者推销某一种产品，应聘者扮演推销员，而面试官扮演消费者，在推销的过程中，面试官会故意设计一些较难的问题，目的是要通过对应聘者在这样的情境下表现出来的行为进行观察和记录，评价其是否具备与拟招聘职位相符合的素质。该方法旨在考察应聘者的随机应变能力、解决问题能力、情绪控制能力，以及处理问题的方法和技巧等。

（三）模拟演讲

模拟演讲通常是由招聘人员出一个题目或提供一些材料，应聘人员在拿到题目或材料后稍做准备，继而按照要求进行发言。题目的设置可以是做一次动员报告，可以是在集体活动上发表祝词，也可以是针对具体职位发表就职演说等形式，有时演讲结束后，招聘人员还可以针对演讲内容对应聘者进行提问和质疑。该方法主要考察应聘者的思维能力、语言组织能力、理解能力、反应速度、言谈举止、风度气质等方面的素质。

评价中心技术能够全方位地考查应聘者的各方面能力，包括语言表达能力、思维逻辑能力、反应能力、心理承受能力、领导能力、组织能力、人际协调能力、创造性等 20 多个项目，可以体现一个人的综合水平。由于应聘者在测试过程中面对的是以后工作经常会遇到的实际问题，解决这类问题的能力一般不易伪装，所以这种预测的准确率也较高，可以防止或减少对所需人员任用的错误。

相对于其他的方法来说，评价中心的成本比较高，需要花费较多的时间和人力资源成本等；另外，评价中心对面试官要求较多，需要其有较强的观察能力和分析判断能力等；最后，面试官在评价应聘者的表现时主观性较大。

五、心理测试

（一）智力测试

智力测试是对智力的科学测试，是指人类学习和适应环境的能力。智力包括观察能力、记忆能力、想象能力、思维能力等等。智力的高低直接影响到一个人在社会上是否成功。智力的高低以智商 IQ 来表示，不同的智力理论或者智力量表用不同的分数来评估智商，比如，在韦氏量表中，正常人的智力是 IQ 在 90～109 之间；110～119 是中上水平；120～139 是优秀水平；140 以上是非常优秀水平；而 80～89 是中下水平；70～79 是临界状态水平；69 以下是智力缺陷。一般来说，智商比较高的人，学习能力比较强，但这两者之间不一定完全正相关，因为智商还包括社会适应能力，有些人学习能力强，但其社会适应能力并不强。用来测试智力水平的工具有很多，包括比纳-西蒙智力量表、瑞文智力测试、韦克斯勒智力量表等。

（二）性格测试

性格指个人对现实的稳定态度和习惯的行为方式，对应聘者性格进行测试有助于判断他们是否能够胜任所应聘的职位。目前，对性格测试的方法很多，主要可以归结为两大类：一是自陈式测试，就是向被试者提出一组有关个人行为、态度方面的问题，被试者根据自己的实际情况回答，测试者将被试者的回答和标准进行比较，从而判断他们的性格。二是投射式测试，该测验将图片作为工具，测试人将一张意义含糊的图或照片出示给应聘者看，并不给其考虑的时间，要求被测试人很快说出对该图片的认识和解释。由于应聘者猝不及防，又无思考时间，就会把自己的心理倾向"投射"到对图片的解释上，结果较为可信。

（三）职业兴趣测试

职业兴趣测试是指人们对具有不同特点的各种职业的偏好以及从事这一职业的意愿。职业兴趣会影响人们对工作的投入程度，如果应聘者的职业兴趣与应聘的职位不符，就会影响他的工作热情；相反，如果应聘者的职业兴趣与应聘职位相符，他就会积极主动地工作。在职业选择以及人员甄选中具有重要影响的霍兰德职业兴趣测试或职业性向测试，是霍兰德在个人大量的咨询实践的基础上编制的。霍兰德在一系列关于人格与职业关系的假设基础之上，提出了六种基本的职业兴趣类型，即现实型、研究型、艺术型、社会型、企业型和常规型。

第四章　员工培训与开发

第一节　培训与开发概述

培训与开发一方面可以提高员工的知识技能，另一方面可以使员工认可和接受企业的文化和价值观，提升员工的素质并吸引保留优秀员工，增强企业凝聚力和竞争力。在纷繁复杂、不断变化的市场竞争环境下，企业要想立于不败之地，就必须持续扩充和增强人力资本，因而准确地理解培训与开发是很有必要的。

一、培训与开发的概念

现代人力资源管理的目的就是组织最大限度地发挥员工能力，提高组织绩效。在人力资源管理理论中，培训与开发是两个既有区别又有联系的概念。

（一）基本概念

培训与开发（training and development，T&D）是指为了使员工获得或改进与工作有关的知识、技能、动机、态度和行为，有效提高员工的工作绩效以及帮助员工对企业战略目标做出贡献，组织所做的有计划的、系统的各种努力。

（二）培训与开发的历史沿革

虽然有人认为培训与开发是新兴领域，但在实践中，人类组织培训与开发的历史源远流长，可以追溯到 18 世纪。培训与开发的发展主要经历了以下几个阶段。

1. 早期的学徒培训

在手工业时代，培训与开发主要是一对一的师父带徒弟模式。

2. 早期的职业教育

1809 年，美国人戴维德·克林顿建立了第一所私人职业技术学校，使培训与开发进入学校阶段，预示培训进入专门化和正规化的阶段。

3. 工厂学校的出现

新机器和新技术的广泛应用，使培训需求大幅度增加。1872 年，美国印刷机制造商 Hoe&Company 公司开办了第一个有文字记载的工厂学校，其要求工人短期内掌握特定工作所需要的技术。随后福特汽车公司等各个工厂都尝试自行建立培训机构，即工厂学校。1917 年美国通过了《史密斯—休斯法》，规定政府拨款在中学建立职业教育课程，标志着职业教育体系开始形成。

4. 培训职业的创建与专业培训师的产生

20 世纪中期，美国政府建立了行业内部培训服务机构来组织和协调培训计划的实施，美国培训与发展协会（American Society for Training&Directors，ASTD）成立，为培训行业建立了标准，之后有了专业培训人员，培训成为一个职业。

5. 人力资源开发领域的蓬勃发展

20 世纪六七十年代，培训的主要功能是辅导和咨询有关知识和技术、人际交往功能等方面的问题。随着企业商学院、企业大学的成立和成功运作，自 20 世纪 80 年代以来，培训成为企业组织变革、战略人力资源开发的重要组成部分。

二、培训与开发人员及其组织结构

人力资源开发人员的素质不仅关系其自身的发展，而且也关系着整个企业人力资源开发职能工作的质量。不同的企业人力资源开发部门的组织结构存在较大差异，因此有必要了解培训与开发人员及其组织结构。

（一）专业培训与开发人员和组织的诞生

20 世纪四十年代成立的美国培训与发展协会（American Society for Training&Development，ASTD），是全球最大的培训与发展行业的专业协会，是非营利的专业组织，定期发表行业研究报告，颁发专业资格证书，举办年会以及各种培训活动等。

（二）培训与开发人员的资格认证

人力资源开发人员的认证可以分为社会统一资格认证体系和组织内部资格认证体系。目前统一采用人力资源专业人员的资格证书，美国人力资源协会（The Society for Human Re-source Management，SHRM）的注册高级人力资源师（SPHR）和人力资源师（PHR）。

三、培训与开发在人力资源管理中的地位

随着信息技术、经济全球化的发展，受到终身学习、人力资源外包等因素的挑战，培

训与开发在人力资源管理中的地位日益提升，对培训与开发人员提出了新的、更高的要求。同时，企业战略和内在管理机制不同，也要求提供相应的培训与开发支持。

（一）培训与开发是人力资源管理的基本内容

1. 培训与开发是人力资源管理的基本职能

人力资源管理的基本职能包括获取、开发、使用、保留与发展，现代培训与开发是充分发挥人力资源管理职能必不可少的部分。

2. 培训与开发是员工个人发展的客观要求

接受教育与培训是每个社会成员的权利，尤其是在知识经济时代，知识的提高及知识老化、更新速度的加快客观上要求员工必须不断接受教育和培训，无论从组织发展的角度，还是从员工个人发展的角度，员工必须获得足够的培训机会。

3. 培训与开发是国家和社会发展的客观需要

人力资源质量的提高对国家和社会经济的发展，以及国际竞争力的提升具有重要作用。世界各国都非常重视企业员工的培训问题，并制定了相关的法律和政策加以规范，并对企业的培训和开发工作给予相关的支持和帮助。

4. 培训与开发与人力资源管理其他功能模块的关系

培训、开发与人力资源管理各个方面都相互联系，尤其是人力资源规划、职位设计、绩效管理、甄选和配置等联系更为紧密。招聘甄选后便要进行新员工的入职培训，培训与开发是员工绩效改进的重要手段，职位分析是培训需求分析的基础，人力资源规划则确定培训与开发的阶段性与层次性。

（二）培训与开发在人力资源管理中的地位和作用的变迁

1. 员工培训与开发伴随着人力资源管理实践的产生而产生

培训与开发是人类社会生存与发展的重要手段。通过培训而获得的知识增长和技能优化有助于提高劳动生产率。早在 1911 年，泰勒的《科学管理原理》就包括了培训与选拔的内容（按标准化作业培训工作人员并选拔合格者）。

2. 现代培训与开发逐渐成为人力资源管理的核心内容

在全球化的背景下，培训已成为许多国际大企业大公司投资的重点。美国工商企业每年用于职工培训的经费达数千亿美元，绝大多数企业为职工制订了培训计划，以满足高质量要求的工作挑战。同时，多元化带来的社会挑战、技术革新使员工的技能要求和工作角色发生变化，使得员工需要不断更新专业知识和技能。

3. 培训与开发是构建学习型组织的基础

随着传统资源的日益稀缺，知识经济的形成和迅速发展，21 世纪最成功的企业是学习型组织。不论利润绝对数，还是销售利润率，学习型企业都比非学习型企业高出许多，因而培训与开发作为构建学习型组织的基础，具有重要的地位。

四、培训与开发的发展趋势

目前，培训与开发规模日益壮大，培训与开发水平不断提高，培训与开发技术体系日益完善，培训开发理论体系逐渐形成，人力资源培训与开发领域呈现出以下几方面的发展趋势。

（一）培训与开发的目的：更注重团队精神

培训与开发的目的比以往更加广泛，除了新员工上岗引导、素质培训、技能培训、晋升培训、轮岗培训之外，培训开发更注重企业文化、团队精神、协作能力、沟通技巧等，这种更加广泛的培训开发目的，使每个企业的培训开发模式从根本上发生了变化。

（二）培训与开发的组织：转向虚拟化和更多采用新技术

虚拟培训与开发组织能达到传统培训组织所无法达到的目标。虚拟培训与开发组织是应用现代化的培训与开发工具以及培训与开发手段，借助社会化的服务方式而达到培训与开发的目的。现代化的培训与开发工具及手段包括多媒体培训与开发、远程培训与开发、网络培训与开发、电视教学等。在虚拟培训与开发过程中，虚拟培训与开发组织更加注意以顾客为导向，凡是顾客需要的课程、知识、项目、内容，都能及时供给并更新原有的课程设计。虚拟培训与开发组织转向速度快，更新知识和更新课程有明显的战略倾向性。

（三）培训与开发效果：注重对培训与开发效果的评估和对培训与开发模式的再设计

控制反馈实验是检验培训开发效果的正规方法。组织一个专门的培训开发效果测量小组，对进行培训与开发前后的员工的能力进行测试，以了解培训与开发的直接效果。对培训与开发效果的评价，通常有四类基本要素。一是反应：评价受训者对培训开发计划的反应，对培训开发计划的认可度及感兴趣程度；二是知识：评价受训者是否按预期要求学到所学的知识、技能和能力；三是行为：评价受训者培训开发前后的行为变化；四是成效：评价受训者行为改变的结果，如顾客的投诉率是否减少，废品率是否降低，人员流动是否减少，业绩是否提高，管理是否更加有序，等等。

（四）培训与开发模式：更倾向于联合办学

培训与开发模式已不再是传统的企业自办培训与开发的模式，更多是企业与学校联合、学校与专门培训与开发机构联合、企业与中介机构联合或混合联合等方式。社会和政府也积极地参与培训与开发，如再就业工程，社区也在积极地参与组织与管理。政府的专门职能部门也与企业、学校挂钩，如人事部门组织关于人力资源管理的培训，妇联组织关于妇女理论与实践的培训与开发和婚姻、家庭、工作三重角色相互协调的培训与开发等。

五、培训与开发体系

培训与开发是一项系统的工作，一个有效的培训与开发体系可以运用各种培训方式和人力资源开发的技术、工具，把零散的培训资源有机地、系统地结合在一起，从而保证培训与开发工作能持续地、有计划地开展下去。

（一）培训与开发体系

1. 培训与开发体系的定义

培训与开发体系是指一切与培训与开发有关的因素有序地组合，是企业内部培训资源的有机组合，是企业对员工实施培训的一个平台，主要由培训制度体系、培训资源体系、培训运作体系组成。

2. 培训与开发体系的建设与管理

（1）培训制度体系

培训制度是基础，包括培训计划、相关表单、工作流程、学员管理、讲师管理、权责分工、培训纪律、培训评估、培训档案管理制度等。建立培训体系首要工作就是建立培训制度、设计培训工作流程、制作相关的表单、制订培训计划。培训制度的作用在于规范公司的培训活动，作为保证培训工作顺利进行的制度依据。有效的培训制度应当建立在人力资源管理的基础上，与晋升考核等挂钩。

（2）培训资源体系

培训资源体系主要包括培训课程体系、培训资产维护、师资力量开发、培训费用预算等。

①培训课程体系：主要来源于岗位胜任模型，包括岗位式课程体系、通用类课程、专用类课程培训资源等。

②培训设施：培训必备工具（计算机、投影仪、话筒等）；培训辅助工具（摄影机、培训道具）；培训场地。

③培训教材：包括培训光碟、培训书籍、电子教材（软件）等。

④管理要求：定期检查、分类管理、过程记录、专人负责。

（3）培训运作体系

培训运作体系包括培训需求分析、培训计划制订、培训方案设计、培训课程开发、培训实施管控、培训效果评估。

（二）企业大学

1. 企业大学的定义

企业大学又称公司大学，是指由企业出资，以企业高级管理人员、一流的商学院教授及专业培训师为师资，通过实战模拟、案例研讨、互动教学等实效性教育手段，培养企业内部中、高级管理人才和企业供销合作者，满足人们终身学习的一种新型教育、培训体系。

2. 企业大学的类型

（1）内向型企业大学

内向型企业大学是为构筑企业全员培训体系而设计的，学员主要由企业员工构成，不对外开放，如麦当劳大学、通用汽车的领导力发展中心等。

（2）外向型企业大学

外向型企业大学分为两类，一类是仅面向其供应链开放，将其供应商、分销商或客户纳入学员体系当中，主要目的是支持其业务发展，如爱立信学院；另一类是面向整个社会，主要目的是提升企业形象或实现经济效益，如惠普商学院。

3. 企业大学轮模型

21世纪初，普林斯和海里提出"企业大学轮模型"，把理想企业大学的五种元素整合到同一个理论结构中，并定义企业大学的重点是支持企业目标、协助知识的创新及组织的学习。企业大学轮模型整合了企业大学的流程、重要活动和相关任务，假设学习是产生在个体之内、个体与个体之间的活动和流程，试图把流程融入学术上的组织和学习理论，并把知识管理和学习型组织结合在同一个理论结构里。企业大学轮模型整合了作为理想企业大学的五种元素，这五种元素为支持企业目标的方式、网络和合作伙伴、知识系统和流程、人的流程，以及学习流程。

4. 西方企业大学成功的关键因素

（1）公司高层主管的参与和重视。

（2）将培训与发展目标和组织的战略性需求紧密结合。

（3）重视学习计划的绩效评估。

（4）根据企业内部和外部的学习需求，设计和实施具有针对性的核心课程。

（5）善于利用现代化的网络及数字工具，构建完善的学习环境。

（6）与其他企业和传统高校建立良好的合作关系。

第二节　培训需求与效果

一、培训需求分析的含义与作用

（一）培训需求分析的含义

所谓培训需求分析，是指在规划与设计每项培训活动之前，由培训部门、主管负责人培训工作人员等采用各种方法与技术，对参与培训的所有组织及其员工的培训目标、知识结构、技能状况等方面进行系统的鉴别与分析，以确定这些组织和员工是否需要培训及如何培训，弄清谁最需要培训、为什么要培训、培训什么等问题，并进行深入探索研究的过程。

（二）培训需求分析的作用

培训需求分析作为现代培训活动的首要环节，在培训中具有重大作用，具体表现如下。

1. 充分认识现状与目的差距

培训需求分析的基本目标就是确认差距，即确认绩效的应有状况同现实状况之间的差距。绩效差距的确认一般包含三个环节：一是必须对所需要的知识、技能、能力进行分析，即理想的知识、技能、能力的标准或模式是什么；二是必须对现实实践中缺少的知识、技能、能力进行分析；三是必须对理想的或所需要的知识、技能、能力与现有的知识、技能、能力之间的差距进行分析，这三个环节应独立并有序地进行，以保证分析的有效性。

2. 促进人事管理工作和员工培训工作的有效结合

当需求分析考虑到培训和开发时，需求分析的另一个重要作用便是能促进人事分类系统向人事开发系统的转换。包括企业在内的一般组织之中，大部分有自己的人事分类系统。人事分类系统作为一个资料基地，在做出关于补偿金、员工福利、新员工录用、预算等的决策方面非常重要，但在工作人员开发计划、员工培训和解决实际工作中等方面的用处很小。

3. 提供解决工作中实际问题的方法

可供选择的方法可能是一些与培训无关的选择，如组织新设与撤销、某些岗位的人员变动、新员工吸收，或者是几个方法的综合。

4. 能够得出大量员工培训的相关成果

培训需求分析能够作为规划开发与评估的依据。一个好的需求分析能够得出一系列的研究成果，确立培训内容，指出最有效的培训战略，安排最有效的培训课程。同时，在培训之前，通过研究这些资料，建立起一个标准，然后用这个标准来评估培训项目的有效性。

5. 决定培训的价值和成本

如果进行了好的培训需求分析，并且找到了存在的问题，管理人员就能够把成本因素引入培训需求分析，这个时候，如果不进行培训的损失大于进行培训的成本，那么培训就是必要的、可行的。反之，如果不进行培训的损失小于培训的成本，则说明当前还不需要或不具备条件进行培训。

6. 能够获得各个方面的协助

工作人员对必要的工作程序的忽视，并不能排除组织对工作人员承担的责任。如果一个组织能够证明信息和技能被系统地传授，就可以避免或减少不利条件的制约。同时，高层管理部门在对规划投入时间和金钱之前，对一些支持性的资料很感兴趣。中层管理部门和受影响的工作人员通常支持建立在客观的需求分析基础之上的培训规划，因为他们参与了培训需求分析过程。无论是组织内部还是外部，需求分析提供了选择适当指导方法与执行策略的大量信息，这为获得各方面的支持提供了条件。

二、培训需求分析的内容

培训需求分析的内容主要有三个方面：培训需求的对象分析、培训需求的阶段分析、培训需求的层次分析。

（一）培训需求的对象分析

培训对象分为新员工培训和在职员工培训两类，所以培训需求的对象分析包括新员工培训需求分析和在职员工培训需求分析。

1. 新员工培训需求分析

新员工主要进行企业文化、制度、工作岗位的培训，通常使用任务分析法。新员工的培训需求主要产生于对企业文化、企业制度不了解而不能融入企业，或是对企业工作岗位不熟悉而不能胜任新工作。对于新员工培训需求分析，特别是对于企业低层次工作的新员工培训需求，通常使用任务分析法来确定其在工作中需要的各种技能。

2. 在职员工培训需求分析

在职员工主要进行新技术、技能的培训，通常使用绩效分析法。由于新技术在生产过程中的应用，在职员工的技能不能满足工作需要等而产生培训需求。

（二）培训需求的阶段分析

培训活动按阶段，可分为针对目前存在的问题和不足所进行的目前培训和针对未来发展需要所进行的未来培训。因此，培训需求的阶段分析包括目前培训需求分析和未来培训需求分析。

1. 目前培训需求分析

目前培训需求是针对企业目前存在的不足和问题而提出的培训需求，主要包括分析企业现阶段的生产经营目标、生产经营目标实现状况、未能实现的生产任务、企业运行中存在的问题等，找出这些问题产生的原因，并确认培训是解决问题的有效途径。

2. 未来培训需求分析

这类培训需求是为满足企业未来发展需要而提出的培训需求，主要包括预测企业未来工作变化、职工调动情况、新工作职位对员工的要求以及员工已具备的知识水平和尚欠缺的部分。

（三）培训需求的层次分析

培训需求的层次分析从三个层次进行：战略层次、组织层次、员工个人层次。与此相对应，培训需求的层次分析可分为战略层次分析、组织层次分析和员工个人层次分析三种。

1. 培训需求的战略层次分析

战略层次分析要考虑各种可能改变组织优先权的因素，如引进一项新技术、出现了突发性的紧急任务、领导人的更换、产品结构的调整、产品市场的扩张、组织的分合以及财政的约束等，还要预测企业未来的人事变动和企业人才结构的发展趋势（如高中低各级人才的比例、老中青各年龄段领导的比例等），调查了解员工的工作态度和对企业的满意度，找出对培训不利的影响因素和可能对培训有利的辅助方法。

2. 培训需求的组织层次分析

组织层次分析主要分析的是企业的目标、资源、环境等因素，准确找出企业存在的问题，并确定培训是否是解决问题的最佳途径。组织层次的分析应首先将企业的长期目标和短期目标作为一个整体来考察，同时考察那些可能对企业目标发生影响的因素，因此，人力资源部必须弄清楚企业目标，才能在此基础上做出一份可行的培训规划。

3. 培训需求的员工个人层次分析

员工个人层次分析主要是确定员工目前的实际工作绩效与企业的员工绩效标准对员工技能要求之间是否存在差距，为将来培训效果的评估和新一轮培训需求的评估提供依据。对员工目前实际工作绩效的评估主要依据以下资料：员工业绩考核记录、员工技能测试成绩以及员工个人填写的培训需求调查问卷等资料。

三、培训需求分析的方法与程序

（一）培训需求分析的方法

任何层次的培训需求分析都离不开一定的方法与技术，而这种方法与技术又是多种多样的。在此，从宏观的角度探讨三种方法：必要性分析方法、全面性分析方法、绩效差距分析方法。

1. 培训需求的必要性分析方法

（1）必要性分析方法的含义与内容

所谓必要性分析方法，是指通过收集并分析信息或资料，确定是否通过培训来解决组织存在的问题的方法，它包括一系列的具体方法和技术。

（2）九种基本的必要性分析方法与技术

①观察法。通过较长时间的反复观察，或通过多种角度、多个侧面对有典型意义的具体事件进行细致观察，进而得出结论。

②问卷法。其形式可能是对随机样本、分层样本或所有的"总体"进行调查或民意测验。可采用各种问卷形式，如开放式、投射式、强迫选择式、等级排列式等。

③关键人物访谈。通过对关键人物的访谈，如培训主管、行政主管、专家主管等，了解到所属工作人员的培训需要。

④文献调查。通过对专业期刊、具有立法作用的出版物等的分析、研究，获得调查资料。

⑤采访法。可以是正式的或非正式的、结构性的或非结构性的，可以用于一个特定的群体如行政机构、公司、董事会或者每个相关人员。

⑥小组讨论。像面对面的采访一样，可以集中于工作（角色）分析、群体问题分析、目标确定等方面。

⑦测验法。以功能为导向，可用于测试一个群体成员的技术知识熟练程度。

⑧记录报告法。可以包括组织的图表、计划性文件、政策手册、审计和预算报告，并对比较麻烦的问题提供分析线索。

⑨工作样本法。采用书面形式，由顾问对已作假设并且相关的案例提供书面分析报告，可以是组织工作过程中的产物，如项目建议、市场分析、培训设计等。

2. 培训需求的全面性分析方法

全面性分析方法是指通过对组织及其成员进行全面、系统的调查，以确定理想状况与现有状况之间的差距，从而进一步确定是否进行培训及培训内容的一种方法。

（1）全面性分析方法的主要环节

由于工作分析耗费大量时间，且需要系统的方法，因而分析前制订详细的计划对于全面分析方法的成功实施非常重要。在计划阶段，一般包括计划范围的确定和咨询团体的任命两部分内容。

（2）研究阶段

工作分析的规范制定出以后，工作分析必须探究目标工作，首先检验的信息是工作描述，当研究阶段结束后，工作分析人员应该能从总体上描述一项工作。

（3）任务或技能目标阶段

这一阶段是工作分析的核心，有两种方法可以应用：一种是形成一个完全详细的任务目录清单，即每一项任务被分解成微小的分析单位；另一种方法是把工作仅剖析成一些任务，然后形成一个描述任务目录的技能目标。

（4）任务或技能分析阶段

工作任务的重要性是能够分析的维度或频率，频率即一定时间内从事一项任务的次数，而维度则包括所需要的熟练水平、严重性及责任感的强弱程度。熟练水平这一维度主要用来考查在不同的任务中是否需要高级、中级或低级的熟练水平。严重性这一维度主要考查何种任务如果执行得不适当、不合理将会产生灾难性后果。责任感的强弱程度这一维度主要用来考查在职工作人员在不同层次的监督下所表现出来的责任感的大小。

3. 培训需求分析的绩效差距分析方法

绩效差距分析方法也称问题分析法，它主要集中在问题而不是组织系统方面，其推动力在于解决问题而不是系统分析。绩效差距分析方法是一种广泛采用的、非常有效的需求分析法。绩效差距分析法的环节如下。

（1）发现问题阶段

发现并确认问题是绩效分析法的起点。问题是理想绩效和实际绩效之间差距的一个指标，其类型诸如生产力问题、士气问题、技术问题、资料或变革的需要问题等。

（2）预先分析阶段

此阶段也是由培训者进行直观判断的阶段。在这一阶段，要注意两个问题：一项是如果发现了系统的、复杂的问题，就要运用全面性分析方法；另一项是确定应用何种工作收集资料。

（3）资料收集阶段

收集资料的技术有多种，各种技术在使用时最好结合起来，经常采用的有扫描工具、分析工具等。

（4）需求分析阶段

需求分析涉及寻找绩效差距，传统上，这种分析考查实际个体绩效同工作说明之间的差距，然而，需求分析也考查未来组织需求和工作说明。既然如此，工作设计和培训就高度结合起来。我们可以把需求分析分为工作需求、个人需求和组织需求三个方面。

（5）需求分析结果

需求分析结果是通过一个新的或修正的培训规划解决问题，是全部需求分析的目标所在。对结果进行分析后，最终确定针对不同需求采取的不同培训方法及不同的培训内容。

（二）培训需求分析的程序

1. 做好培训前期的准备工作

培训活动开展之前，培训者就要有意识地收集有关员工的各种资料，这样不仅能在培训需求调查时方便调用，而且能够随时监控企业员工培训需求的变动情况，以便在恰当的时候向高层领导者请示开展培训。

（1）建立员工培训档案

培训部门应建立起员工的培训档案，培训档案应注重员工素质、员工工作变动情况以及培训历史等方面内容的记载。员工培训档案可参照员工人事档案、员工工作绩效记录表等方面的资料来建立。另外，培训者应密切关注员工的变化，随时向其档案里添加新的内容，以保证档案的及时更新和监控作用。

（2）同各部门人员保持密切联系

培训工作的性质决定了培训部门通过和其他部门之间保持更密切的合作联系，随时了解企业生产经营活动、人员配置变动、企业发展方向等方面的变动，使培训活动开展起来更能满足企业发展需要，更有效果。培训部门工作人员要尽可能和其他部门人员建立起良好个人关系，为培训收集到更多、更真实的信息。

（3）向主管领导反映情况

培训部门应建立一种途径，满足员工随时反映个人培训需要的要求。可以采用设立专门信箱的方式，或者安排专门人员负责这一工作。培训部门了解到员工需要培训的要求后应立即向上级汇报，并汇报下一步的工作设想。如果这项要求是书面的，在与上级联系之后，最好也以书面形式作答。

（4）准备培训需求调查

培训者通过某种途径意识到有培训的必要时，在得到领导认可的情况下，就要开始需求调查的准备工作。

2. 制订培训需求调查计划

培训需求调查计划应包括以下几项内容。

（1）培训需求调查工作的行动计划

即安排活动中各项工作的时间进度以及各项工作中应注意的一些问题，这对调查工作的实施很有必要，特别是对于重要的、大规模的需求分析，有必要制订一个行动计划。

（2）确定培训需求调查工作的目标

培训需求调查工作应达到什么目标，一般来说完全出于某种培训的需要，但由于在培训需求调查中会有各种客观或主观的原因，培训需求调查的结果并不是完全可信的。所以，要尽量排除其他因素的影响，提高培训需求调查结果的可信度。

（3）选择合适的培训需求调查方法

应根据企业的实际情况以及培训中可利用的资源选择一种合适的培训需求分析方法，如工作任务安排非常紧凑的企业员工不宜采用面谈法，专业技术性较强的员工一般不用观察法。

（4）确定培训需求调查的内容

确定培训需求调查内容的步骤如下：首先要分析这次培训调查应得到哪些资料，然后排除手中已有的资料，就是需要调查的内容。培训需求调查的内容不要过于宽泛，以免浪费时间和费用；对于某一项内容可以从多角度调查，以便取证。

3. 实施培训需求调查工作

在制订了培训需求调查计划以后，就要按计划规定的行动依次开展工作。实施培训需求调查主要包括以下步骤。

（1）提出培训需求动议或愿望

由培训部门发出制订计划的通知，请各责任人针对相应岗位工作需要提出培训动议或愿望。培训需求动议应由理想需求与现实需求或预测需求与现实需求存在差距的部门和岗位提出。

（2）调查、申报、汇总需求动议

相关人员根据企业或部门的理想需求与现实需求或预测需求与现实需求的差距，调查、收集来源于不同部门和个人的各类需求信息，整理、汇总培训需求的动议和愿望，并报告企业培训组织管理部门或负责人。

（3）分析培训需求

申报的培训需求动议并不能直接作为培训的依据。因为培训需求常常是一个岗位或一个部门提出的，存在一定的片面性，所以对申报的培训需求进行分析，就是要消除培训需求动议的片面性，也就是说要全方位分析。

（4）汇总培训需求意见，确认培训需求

培训部门对汇总上来并加以确认的培训需求列出清单，参考有关部门的意见，根据重要程度和迫切程度排列培训需求，并依据所能收集到的培训资源制订初步的培训计划和预算方案。

4. 分析、输出培训需求结果

（1）对培训需求调查信息进行归类、整理

培训需求调查信息来源于不同的渠道，信息形式有所不同，因此，有必要对收集到的信息进行分类，并根据不同的培训调查内容进行信息的归档，同时要制作表格对信息进行统计，并利用直方图、分布曲线图等工具将信息所表现趋势和分布状况予以形象地处理。

（2）对培训需求分析、总结

对收集上来的调查资料进行仔细分析，从中找出培训需求，此时应注意个别需求和普遍需求、当前需求和未来需求之间关系。要结合业务发展的需要，根据培训任务重要程度和紧迫程度对各类需求进行排序。

（3）撰写培训需求分析报告

对所有的信息进行分类处理、分析总结以后，根据处理结果撰写培训需求分析报告，报告结论要以调查信息为依据，不能凭个人主观看法得出结论。

四、培训效果评估

（一）培训效果评估的作用

在企业培训的某一项目或某一课程结束后，一般要对培训效果进行一次总结性的评估或检查，以便找出受训者究竟有哪些方面的收获与提高。

培训效果评估是一个完整的培训流程的最后环节，它既是对整个培训活动实施成效的评价与总结，同时评估结果又为下一个培训活动确定培训需求提供了重要信息，是以后培训活动的重要输入。在运用科学的方法和程序获取培训活动的系统信息前提下，培训效果评估能够帮助企业决策者做出科学的决策，提高培训项目的管理水平，并确保培训活动实现所制定的目标。

1. 培训效果评估是整个培训系统模型的重要组成部分

在整个培训系统中，培训效果评估是一个非常重要的组成部分，没有培训效果评估，整个培训系统将不完整。一个完整的培训系统模型，应该从组织、工作和个人三方面进行分析，确定培训需求；然后进行培训目标的确定，通过确定培训目标，可以确定培训的对象、内容、时间和方法等；接下来是进行培训计划的拟订，这是培训目标的具体化和操作化；下一步是实施培训活动；最后一步便是培训效果评估。在进行评估时，通过对整个培训项目的成本收益或存在的问题进行总结，为下次培训项目的开展和改进提供有力的帮助。

2. 培训效果评估是培训循环系统的一个关键环节

培训过程应该是一个系统性的循环过程。在这个循环系统中，培训效果评估同样是整个过程的重要环节，属于独立的核心部分，是整个培训系统的一部分，而不是一个孤立的环节，它的变化将影响许多其他子系统的变化。培训效果评估在整个培训系统中有重要的地位，它会给培训过程其他环节带来益处。

3. 培训效果评估可以提高培训的地位

企业培训不同于学校教育。学校教育是一种文化活动，其宗旨是提高全民文化素质，而不要求立即获得现实的经济利益。但是，企业培训通常由企业自身承担，需要消费企业的稀缺资源。培训效果评估能够反映出培训对于企业的作用，同时也充分体现出人力资源部门在组织中的重要作用。特别是在评估中采用一些定量指标进行分析，能够让组织中的每个员工和管理者看到培训投资的有效性，证明培训投资决策的正确性，促进和提高组织管理者对培训的重视，加大对培训的投入。

（二）培训效果评估的内容

有关培训效果评估的最著名模型是由柯克帕特里克提出的。从评估的深度和难度看，柯克帕特里克的模型包括反应层、学习层、行为层和结果层四个层次，这也是培训效果评估的主要内容。人力资源培训人员要确定最终的培训评估层次和内容，因为这将决定要收集的数据种类。

1. 反应层评估

反应层评估是指受训人员对培训项目的看法，包括对材料、讲师、设施、方法和内容等的看法，这些反应可以作为评估培训效果的内容和依据。反应层评估的主要方法是问卷调查，它是在培训项目结束时，收集受训人员对于培训项目的效果和有用性的反应，受训人员的反应对于重新设计或继续培训项目至关重要。反应问卷调查易于实施，通常只需要几分钟的时间。

2. 学习层评估

学习层评估是目前最常见也最常用到的一种评价方式，它是测量受训人员对原理、事实、技术和技能的掌握程度其方法包括笔试、技能操练和工作模拟等。培训组织者可以通过笔试、绩效考核等方法来了解受训人员培训后在知识以及技能方面有多大程度的提高。

3. 行为层评估

行为层评估往往发生在培训结束后的一段时间，由上级、同事或客户观察受训人员，确定其行为在培训前后是否有差别，他们是否在工作中运用了培训中学到的知识。该评估可以包括受训人员的主观感觉、下属和同事对其培训前后行为变化的对比，以及受训人员本人的自评。这种评价方法要求人力资源部门与职能部门建立良好的关系，以便不断获得员工的行为信息。

4. 结果层评估

结果层评估上升到组织的高度，即评估组织是否因为培训而经营得更好，这可以通过一些指标来衡量，如事故率、生产率、员工流动率、质量、员工士气以及企业对客户的服务等。通过对这些组织指标的分析，企业能够了解培训带来的收益，例如人力资源开发人员可以通过比较培训前后事故率，分析事故率的下降有多大程度归因于培训，确定培训对组织整体的贡献。

（三）培训效果评估的方法

1. 培训效果的定性、定量评估方法

（1）培训效果的定性评估方法

培训效果的定性评估方法是指评估者在调查研究、了解实际情况的基础之上，根据自己的经验和相关标准，对培训效果做出评价的方法。这种方法的特点在于评估的结果只是一种价值判断，如"培训整体效果较好""培训讲师教学水平很高"之类的结论，因此它适合于对不能量化的因素进行评估，如员工工作态度的变化。目前国内大多数企业采用这种培训评估方法。

（2）培训效果的定量评估方法

定性评估方法只能对培训活动和受训人员的表现做出原则的、大致的、趋向性的判断，而定量评估方法能对培训作用的大小、受训人员行为方式改变的程度及企业收益多少给出数据解释，通过调查统计分析来发现和阐述行为规律。从定量分析中得到启发，然后以描述形式来说明结论，这在行为学中是常见的处理方法。

2. 培训效果评估的主要技术方法

培训效果评估技术通过建立培训效果评估指标及评估体系，对培训的成效进行检查与评价，把评估结果反馈给相关部门。它可作为下一步培训计划与培训需求分析的依据之一。以下介绍几种培训效果评估的技术方法。

（1）目标评价法

目标评价法要求在制订培训计划时，将受训人员完成培训计划后应学到的知识、技能，应改进的工作态度及行为，应达到的工作绩效标准等目标列入其中。培训课程结束后，应将受训者的测试成绩和实际工作表现与既定培训目标相比较，得出培训效果，作为衡量培训效果的根本依据。目标评价法操作成功的关键在于确定培训目标，所以在培训实施之前企业应制定具有可确定性、可检验性和可衡量性的培训目标。

（2）绩效评价法

绩效评价法是由绩效分析法衍生而来的。它主要用于评估受训者行为的改善和绩效的提高。运用该法要求企业建立系统而完整的绩效考核体系，在这个体系中，要有受训者培训前的绩效记录，在培训结束 3 个月或半年后，对受训者再进行绩效考核时，只有对照以前的绩效记录，企业才能明确地看出培训效果。

（3）关键人物评价法

所谓的关键人物是指与受训者在工作上接触较为密切的人，可以是他的上级、同事，也可以是他的下级或者顾客等。有研究发现，在这些关键人物中，同级最熟悉受训者的工作状况，因此，可采用同级评价法，向受训者的同级了解其培训后的改变，这样的调查通常很容易操作，可行性强，能够提供很多有用信息。

（4）测试比较法

无论是国内的学者还是国外的学者，都将员工通过培训学到的知识、原理和技能作为企业培训的效果。测试比较法是衡量员工知识掌握程度的有效方法。在实践中，企业会经常采用测试法评估培训效果，但效果并不理想，原因在于没有加入任何参照物，只是进行简单的测试，而有效的测试法应该是具有对比性的测试比较评价法。

（5）收益评价法

企业的经济性特征迫使企业必须关注培训的成本和收益。培训收益评价法就是从经济角度综合评价培训项目，计算出培训为企业带来的经济收益。

以上五种培训效果评估方法，一般可联合使用。企业在操作中，可以利用一些常用的工具，如问卷调查、座谈会、面谈、观察等，取得相关数据，再将两组或多组不同的数据进行分析比较：①培训需求分析是指在规划与设计每项培训活动之前，由培训部门、主管负责人、培训工作人员等采用各种方法与技术，对参与培训的所有组织及其员工的培训目标、知识结构、技能状况等方面进行系统的鉴别与分析，以确定这些组织和员工是否需要培训及如何培训，弄清谁最需要培训、为什么要培训、培训什么等问题，并进行深入探索研究的过程。②培训计划书是关于培训计划制定结果的一份文字总结，具体包括培训项目名称、培训目的、培训进度、培训内容、培训步骤、意外控制、注意事项、策划人、日期等。③培训效果评估是一个完整的培训流程的最后环节，它既是对整个培训活动实施成效的评价与总结，同时评估结果又为下一个培训活动确定培训需求提供了重要信息，是以后培训活动的重要输入。④培训效果的定性评估方法是指评估者在调查研究、了解实际情况的基础之上，根据自己的经验和相关标准，对培训效果做出评价的方法。定量评估方法能对培训作用的大小、受训人员行为方式改变的程度及企业收益多少给出数据解释，通过调查统计分析来发现和阐述行为规律。

第三节　培训计划制订与实施

培训计划直接关系培训与开发活动的成败，是确定培训内容和方法、评估培训效果的主要依据。因此，必须了解什么是培训计划、培训计划包括哪些内容、如何制订培训计划。

一、培训计划工作概述

（一）培训计划的概念

培训计划是按照一定的逻辑顺序排列的记录，它是从组织的战略出发，在全面、客观的培训需求分析基础上做出的对培训内容、培训时间、培训地点、培训者、培训对象、培训方式和培训费用等的预先系统设定。

（二）培训计划的类型

培训计划要着重考虑可操作性和效果。以时间跨度为标准，培训计划可以分为长期培训计划、中期培训计划、短期培训计划。

1. 长期培训计划（3年以上）

长期培训计划必须明确培训的方向性，考虑组织的长远目标、个人的长远目标、外部环境发展趋势、目标与现实的差距、人力资源开发策略、培训策略、培训资源配置、培训支援的需求、培训内容的整合、培训行动步骤、培训效益预测、培训效果预测等因素。

2. 中期培训计划（1~3年）

中期培训计划是长期计划的进一步细化，要明确培训中期需求、培训中期目标、培训策略、培训资源分配等因素。

3. 短期培训计划（1年以下）

从目前国内组织的培训实践来看，通常所说的培训计划大多是短期培训计划，更多的是某次或某项目的培训计划。

以上三种计划属于从属关系，从长期到短期培训计划工作不断细化。

二、培训计划的制订

（一）确立培训目的与目标

1. 培训目标的分类

培训目标可以分为提高员工在企业中的角色意识、提高知识和技能、转变态度动机几类。培训目标可分为若干层次，从某一培训活动的总体目标到某个学科直至每堂课的具体目标，越往下越具体。

2. 确定培训目标的注意事项

确定培训目标应当和组织长远目标相吻合，一次培训的目标不要太多，要从学习者的角度出发，明确说明预期课程结束后学员可以拥有哪些知识、信息及能力。目标确立应符合 SMART 原则，即目标必须是具体的（specific），目标必须是可以衡量的（measurable），目标必须是可以达到的（attainable），目标必须和其他目标具有相关性（relevant），目标必须具有明确的截止期限（time-based）。

（二）确定培训时间

培训时间主要包括培训时机和培训的持续时间。

1. 选择培训时机

企业可选择以下时间作为培训时机。

（1）新员工加盟时。

（2）新技术、新设备引进或生产工艺流程变更时。

（3）满足补救需要时（缺乏合格员工）。

2. 确定培训的持续时间

企业应根据以下因素确定培训的持续时间。

（1）培训内容。

（2）培训费用。

（3）学员素质。

（4）学员的工作与休闲时间的分配。

（三）确定培训场所与设施

确定培训场所与设施时必须注意以下问题。

（1）培训场所的多样化。

（2）判断培训场所与设施的基本要求，即舒适度与合适度。

（3）场所选择必须考虑各种细节。

（四）确定培训者

培训者有广义和狭义之分。广义的培训者包括培训部门领导人、培训管理人员以及培训师；狭义的培训者专指培训师。

1. 培训部门领导人的条件

（1）对培训工作富有热情，具有敬业精神。

（2）有培训与开发工作的实际经验。

（3）以身作则，对受训者和自己一视同仁。

（4）富有远见，能清楚地分析组织的培训要求，对人力资源发展有战略眼光。

（5）有良好的知识结构，特别是有培训与开发的专业知识。

（6）有良好的职业道德品质和身体状况。

2. 培训管理人员的条件

（1）善于与人打交道。

（2）工作主动、积极。

（3）有任劳任怨的精神。

（4）有一定的组织管理能力。

3. 培训师的条件

培训师是企业培训活动的关键环节，培训师资水平直接影响培训活动的实施效果，甚至可能会影响企业领导对人力资源部门和企业培训与开发工作的基本看法。培训师可以来自企业内部或外部。优秀的培训师需要具备以下素质和技能。

（1）态度

培训师应当喜欢培训工作，符合"3C"，即关心（care）、创造性（creativity）和勇气（courage）。

（2）能力

培训师应当具备信息转化能力、良好的交流和沟通能力、一定的组织管理能力、创新能力。

企业内部的培训讲师是企业培训师资队伍的主体，他们能有效传播企业真正需要的知识与技能，对企业有效经验和成果进行共享和复制；同时选择优秀员工担任讲师，为员工职业生涯发展开辟更广阔的道路。所以，企业应注意对内部讲师的培养和激励以及制度建设问题。

外部讲师的选拔同样要遵照相应的程序，还应考虑促进外部讲师授课成果的有效转化。

（五）确定培训对象

一般而言，组织内有三种人员需要培训。

1. 可以目前工作的员工得到改进。

培训可以使他们更加熟悉自己的工作和技术。

2. 有能力而且组织要求他们掌握另一门技术的员工培训的目的是将其安排到更重要、更复杂的岗位上。

3. 有潜力的员工

经过培训让他们进入更高层的岗位。

培训对象确定后，最好能立即列出该对象的相关资料，如平均年资、教育背景、共同特质、曾参加过的培训等。

（六）确定培训内容与项目

培训内容应服务于培训目的与目标，培训的内容一定要科学，既要考虑系统性、适用性，也要考虑超前性，并根据不同的对象和不同的时间有所变化。

1. 确定培训内容与项目的依据

（1）以工作岗位标准为依据。

（2）以生产/服务质量标准为依据。

（3）以组织的发展目标为依据。

2. 确定培训内容与项目的分析方法

（1）任务分析法。

（2）缺陷分析法。

（3）技能分析法。

（4）目标分析法。

（七）确定培训方法

培训内容确定后，可以依据知识性课程、技能性课程、态度性课程等不同的课程，选择相适应的培训方法。培训方法主要包括课堂讲授法、研讨法、角色扮演法、游戏法、案例法、敏感性训练、视听法、程序指导、头脑风暴法、模拟法等。

（八）确定培训与开发预算

培训与开发预算是指在一段时间内（通常是 12 个月）培训与开发部门所需要的全部开支。培训与开发预算主要由五部分构成，包括培训场地及设施，与培训相关人员的食宿费，培训器材、教材费，培训相关人员工资以及外聘教师讲课费、交通差旅费等。

培训与开发预算的确定主要有六种方法。

1. 比较预算法

参考同行业平均培训预算与优秀企业培训预算，结合本企业实际情况确定。

2. 比例确定法

对某一基准值设定一定的比率来决定培训经费预算额，如根据企业全年产品的销售额或总经费预算的一定百分比来确定培训经费预算。

3. 人均预算法

预先确定企业内部人均培训经费预算额，然后再乘以在职人员数量。

4. 推算法

根据过去培训的使用额来推算，或与上一年度对比决定预算。

5. 需求预算法

根据企业培训需求确定一定时限内必须开展的培训活动，分项计算经费，然后加总求和。

6. 费用总额法

企业划定人力资源部门全年费用总额后，再由人力资源部门自行分配预算。

三、编制培训计划书

（一）概念

培训计划书是关于培训计划制定结果的一份文字总结，具体包括培训项目名称、培训目的、培训进度、培训内容、培训步骤、意外控制、注意事项、策划人、日期等。

（二）作用

（1）可对整个项目做一个清晰的交代，同时充分陈述项目的意义、作用和效果，简化培训程序。

（2）信息与分析结果高度浓缩的培训计划书可为高层领导的决策提供必要的依据和便利。

（3）可预先帮助管理者加深对培训项目各个环节的了解，从而做到统筹规划。

（三）编写技巧

（1）项目名称要尽可能详细地写出。

（2）应写明培训计划者所属部门、职务、姓名，团队形式则应写出团队名称、负责人、成员姓名。

（3）培训计划的目的要尽可能简明扼要，突出核心要点。

（4）培训计划书内容应在认真考虑受众的理解力和习惯的基础上详细说明，表现方式宜简单明了，并可适当加入一些图表。

（5）详细阐述计划培训的预期效果与预测效果，并解释原因。

（6）对计划中出现的问题要全部列明，不应回避，并阐述计划者的看法。

（7）培训计划书是以实施为前提编制的，通常会有很多注意事项，在编写时应将它们提出来供决策者参考。

四、培训材料

培训材料指能够帮助学习者达成培训目标、满足培训需求的所有资料，具体包括课程描述、课程的具体计划、学员用书、课前阅读资料、教师教学资料包（视听材料、练习册、背景资料、电脑软件等）、小组活动的设计与说明、测试题目。

五、培训实施

（一）明确培训学习的原则

1. 近期目标和长远战略相结合的原则

为了制订科学的、切实可行的培训计划，应该对企业人才需求进行预测，并且充分考虑到企业的生产经营特点、近期目标、长远规划，以及社会劳动力供求变化趋势等因素。要对培训的目标、方法、效益进行周密、细致的研究，通过制订和执行培训计划，保持培训的制度化和连续性。企业还应建立培训效果的追踪检查方案，并根据生产经营的变化，随时对培训计划做出相应的修订。

2. 全员培训与重点提高相结合的原则

全员培训就是有计划、有步骤地对在职的所有员工进行培训，这是提高全体员工素质的必经之路。为了提高培训投入的回报率，培训必须有重点，即注重对企业兴衰有着重大影响的管理和技术骨干，特别是中高层管理人员的培训；再者，有培养前途的梯队人员，更应该有计划地进行培训与开发。

在坚持全员培训与重点提高相结合的原则的同时，要因材施教，处理好学员共性和个性的关系，也就是说，要针对员工的不同文化水平、不同职务岗位、不同要求以及其他差异，区别对待。只有这样，才能最大限度地发挥培训的功能，使员工的才能在培训活动中得到培养和提高，并在生产经营中得以实现。

3. 知识技能培训与企业文化培训兼顾的原则

培训与开发的内容，除了文化知识、专业知识、专业技能外，还应包括理想、信念、价值观、道德观等方面的内容，而后者又要与企业目标、企业文化、企业制度、企业优良传统等结合起来，使员工在各方面都能够符合企业的要求。

4. 理论联系实际，学以致用的原则

员工培训应当有明确的针对性，一定要从本企业实际出发，从实际工作的需要出发，根据企业的实际需要组织培训，使培训与生产经营实际紧密结合，与职位特点紧密结合，与培训对象的年龄、知识结构、能力结构、思想状况紧密结合，目的在于通过培训让员工掌握必要的技能以完成规定的工作，最终为提高企业的经济效益服务。企业培训既不能片面强调学历教育，也不能片面追求立竿见影。

5. 培训效果的反馈与强化原则

培训效果的反馈与强化是不可缺少的重要环节。培训效果的反馈指的是在培训后对员工进行检验，其作用在于巩固员工学习的技能，及时纠正错误和偏差，反馈的信息越及时、准确，培训的效果就越好。强化则是指由于反馈而对接受培训人员进行的奖励或惩罚，其目的一方面是奖励接受培训并取得绩效的人员，另一方面是加强其他员工的培训意识，使培训效果得到进一步强化。

6. 培训活动的持久性原则

培训作为人力资源体系中的一个很重要的环节，要充分认识到培训的持续作用，仅仅几次培训很难达到预期效果，也不符合人力资源发展规律，那种试图"一蹴而就"的做法是不可取的，时冷时热式的培训虽然可以在一定程度上取得效果，但会挫伤员工的积极性。

7. 培训活动的协调性

首先是时间上的协调。有的培训需要较长的时间，这就不可避免地产生时间冲突，尤其是与员工私人时间的冲突，如果占用太多私人时间，员工参加培训时就会心不在焉，培训效果自然大打折扣。

其次是组织上的协调。有的培训很难把参加的人员组织好，诸如出差、工作忙、开会等因素都会影响培训的人员安排，这就需要培训部门和相关人员协调好，保证大家都有机会参加。

（二）合理选择培训的方法

员工培训的方法是指培训主体（通常是企业）为了实现培训目标而采取的作用于企业

员工的各种方式、形式、手段和程序等的总和。它是实现企业员工培训目标的中介和桥梁，是整个员工培训系统的重要组成部分，是提高员工培训实效性的关键之一。企业员工培训方法的综合把握和有效调试，对提高员工培训的实效性有着重要意义。

1. 目前我国企业员工培训方法存在的问题

目前，我国企业员工的培训工作已经取得了一些成就，尤其是一些大企业的员工培训，已经具有相当高的水平。但是受传统观念的束缚，目前企业的员工培训方法在很多方面已经和时代不相吻合，主要存在着以下弊端。

（1）观念落后，认识不足

相当一部分企业将员工培训看作单纯的投入，所以尽可能地减少培训人数和费用，这是一种典型的短视行为，只看到了短期的投入，而没有看到员工培训为企业长远发展所培养、积攒的人力资本。这种陈旧的观念和思想很难与社会同步，需要及时更新。

（2）只重技能，不重素质

企业员工培训的内容很多，一般由知识培训、技能培训和素质培训组成。我国企业的员工培训主要停留在员工的知识和技能方面，对于其他方面则做得不够，如对企业文化的传承、企业内聚力的加强、员工工作热情的激发等方面认识不足，导致我国企业员工的培训只注重技能培训而忽视素质培训。其结果是虽然员工技能得到了长足的提高，但缺乏正确的工作态度和优良的职业精神，导致员工离职率居高不下，企业的培训投入无法得到回报。

（3）不成体系，方法老套

一份权威机构对我国企业的培训调查报告显示，92%的企业没有完善的员工培训体系，仅有42%的企业有自己的培训部门。很多企业一提到员工培训，就是来场讲座或是外派学习一周等形式，很少考虑自身需要，只是为培训而培训。

（4）流于表面，缺乏激励

大部分企业只是注重培训的现场状况，只对培训的组织培训讲师的表现等最表面的东西进行考评，而对于培训对员工行为的影响，甚至对公司整体绩效的影响却不去考评。外派培训则更为简单，只看培训者有没有培训的合格证书，流于表面，不重视培训的内涵。

2. 完善企业员工培训方法的途径

针对目前国内企业员工培训工作中所存在的弊端和不足，企业员工培训工作要根据企业培训的新目标、新内容，总结其他企业的培训经验，建立符合自身特色和时代特征并符合规律性、富有实效性的系统方法，具体需要从以下几个方面努力。

（1）注意运用渗透式培训方法

不断加强渗透式培训，是今后企业员工培训方法发展的一个趋势。企业应借鉴国内外先进大公司的有益做法并结合自身特点，探索具体渗透方法。首先，寓员工培训于企业文化建设之中。可通过企业愿景、战略目标、企业价值观等的宣传，引导员工从中获得良好的企业氛围熏陶，提高综合素质，摆正价值取向，选择正确的、和企业发展一致的职业生涯。其次，寓员工培训于开放模式之中。开放型的培训模式应该是"面向世界、面向社会、走出企业、多方参与、内外开放、齐抓共管"的模式。

（2）注意运用隐性培训的方法

我国企业的员工培训比较侧重于显性方法，即能让员工明显感到培训意图的方法。这种方法有利于对员工进行正面系统的理论培训，而且容易对培训过程进行监控和评估。但光靠显性方法是不够的，应结合企业实际，借鉴运用隐性培训方法，使员工在不知不觉中得到提高。

（3）注意运用灵活多样的培训方法

正确认识员工的层次性、差异性，是实施灵活多样的培训方法的前提。这就需要与时俱进，以更加多样的方法增强员工培训的针对性和实效性。当然，强调员工培训方法的多样性，并不等于否定员工培训内容的主导性，应用培训方法的多样性来丰富培训主导性的内容，两者相互依存、相互促进、共同发展。

（4）注意科学化的培训方法

传统的企业培训从"本本"出发，沿袭常规不变的教条，而当今时代的员工培训从目标设计到具体实施都经过科学的评估和实验过程，是经过反复论证筛选的结果。科学化的培训方法表现在普遍使用各种较先进的科技来辅助培训，用计算机来处理分析有关资料，也表现在培训观念更新和实践领域的通俗化上。

3. 员工培训的常用方法

随着企业员工培训理论的不断发展和深入，企业对员工培训的方法也变得日趋多样和成熟。员工培训主要的方法有授课法、研讨法、案例法、工作轮换法、户外拓展、视听教学法等。企业培训方式的选择对培训效果有直接影响，因此，对不同的培训对象和培训内容，必须选择不同的培训方法，才能达到企业员工培训的目的。

（1）授课法

授课法是最普遍的员工培训方法，是通过讲师的语言和演示，向员工传授知识和技能，具有方便实施、效率高的特点。在实施授课法时，企业员工培训的内容要符合企业和员工的需求，并考虑员工的接受能力。讲师的选择也是关键，要选择专业经验丰富的授课老师。

（2）研讨法

研讨法是员工培训的重要方法之一，是鼓励员工就所学知识提问、探讨的一种培训方式。通过员工之间的交流来解决学习和生产中存在的问题，有助于巩固理解学习的知识，培养员工的综合能力和解决问题的能力。

（3）案例法

案例法源自国外大学的教学模式，是研讨教学法的延伸。这种方法的主要优点是鼓励员工认真思考、主动参与，并发表个人见解和体会，可以培养员工的表达能力、合作精神。案例法的重点在于如何提高员工培训效果，难点在于教学案例的开发。

（4）工作轮换法

工作轮换法是将员工调到另一个工作岗位去工作，也叫"轮岗培训"。工作轮换法能帮助员工理解多种工作环境，扩展员工的工作经验，适合于培训综合性管理人员。

（5）户外拓展

户外拓展主要是利用有组织的户外活动来培训团队协作能力。这种方法适用于培训与团队效率有关的技能，如自我意识、问题解决、冲突管理和风险承担。户外拓展培训的方式一般是团体性的体育活动或游戏，如登山、野外行军、攀岩、走木桩、翻越障碍及各种专门设计的游戏。企业员工培训方案如果采取户外拓展，一定要有针对性，要通过活动来达到培训员工的目的。

（三）培训内容的选取

1. 培训内容选取的原则

（1）学以致用

企业培训与社会办学不同，社会办学强调的是强化基础、宽化专业，这是因为学生毕业后面对的是整个社会，大多数人很难匹配到狭义上的"对口专业"，只有具备了扎实的基础知识和宽广的专业面，才能较从容地面对就业。而在企业中，每一个员工都有自己的工作岗位，所要适应的知识和技能有一个基本确定的范围。因此，企业对员工的培训应该围绕着这个范围来展开，这样，员工学得会、用得上、见效快，企业成本也低，从而实现成本收益的最优化。

（2）培训的结果对企业和员工都有利

在培训活动中，企业投入的是人、财、物等资源，目的是提升企业的技术能力、产品质量和生产效率，进而提高企业在市场上的竞争力；员工投入的是时间、精力，目的是提升自身的素质和工作技能，赢得尊重，为日后更换工作岗位、晋升、加薪做好准备。

（3）内容丰富、形式多样

在企业中，员工的职系分工不同，应用的知识、技能随之不同；员工的职位层级不同，应用知识、技能的深浅程度也不同。为使每一个员工都得到有针对性的培训，必须有丰富的培训内容。员工培训决不可理解为单调地上课，应根据培训的对象、目的、时间周期、培训人数等，培训可采用军体训练、讲课讲座、办短训班或集训队、跟班学习、班组研讨会、外派学习、师傅带徒弟、户外活动等多种形式进行。

2. 新员工培训的主要内容

新员工的岗前培训是最常见的企业培训之一。与一般的企业员工培训不同，新员工培训主要侧重于两个方面：首先，帮助新员工熟悉企业的工作环境，让他们轻松愉快地成为企业中的一员；其次，使新员工了解必要的知识和技能，了解公司的运作程序，使他们熟悉公司的设施和他们的岗位责任。

3. 在职员工培训的主要内容

在企业培训中，对在职员工的培训约占整个企业培训工作量的80%～90%。在职员工不仅人数众多、培训需求千差万别、现有水平参差不齐，而且这种培训需要长期持续不断、逐步深入地进行。因此，对企业在职人员培训内容的确定，是做好企业培训工作关键之一。在职员工培训主要侧重于对新知识、新技术的培训。

第五章　绩效与薪酬管理

第一节　绩效管理

一、绩效管理基础

（一）绩效的概念与层次

随着管理实践的不断拓展和深入，人们对绩效概念的认识也在不断变化。在不同的学科领域、不同的组织以及不同的发展阶段，人们对绩效有不同的理解，但不论是组织还是个人，都应该以系统和发展的眼光来认识和理解绩效的概念。管理大师彼得·德鲁克认为：所有的组织都必须思考"绩效"为何物，这在以前简单明了，现在却不复如是。战略的制定越来越需要对绩效重新定义，如果不能明确界定绩效，就不能有效地对其进行评价和管理。因此，作为绩效管理的逻辑起点，对绩效的概念进行确切的定义和深入的理解是至关重要的。

对应于英文的 performance，在中文文献中，除了"绩效"，也有人采用"业绩""实绩""效绩"等相近或相似词汇来表达。但这些概念，或使用领域比较狭窄，或意思表达不够完整，而"绩效"能够更完整、准确地反映 performance 的内涵，同时也为国内的学者和管理者所广泛接受，故这里统一采用"绩效"的概念，并在此基础上讨论绩效管理问题。

一般意义上，绩效指的是工作的效果和效率。组织通常由若干个群体组成，而群体又由员工组成，对应不同层面的工作活动主体，相应地也就产生了不同层面的绩效。简而言之，绩效是组织期望的为实现其目标而展现在不同层面上的能够被组织评价的工作行为及其结果。因此，需要明确的是，绩效是分层次的。按照被衡量行为主体的多样性，绩效可以从组织架构层次角度划分为组织绩效、群体绩效和个人绩效。组织绩效是组织的整体绩效，指的是组织任务在数量、质量及效率等方面的完成情况。群体绩效是组织中以团队或部门为单位的绩效，是群体任务在数量、质量及效率等方面的完成情况。对于员工个人绩效的内涵，学者们提出过各种不同的看法，概括起来主要有三种典型的观点：第一种观点认为绩效是结果；第二种观点认为绩效是行为；第三种观点则认为绩效是行为和结果的统一体。

尽管组织绩效、群体绩效和个人绩效有所差异，但是三者又密切相关。组织绩效、群体绩效是通过个人绩效实现的，离开个人绩效，也就无所谓组织绩效和群体绩效。从绩效评价的角度看，脱离了组织绩效和群体绩效的个人绩效评价是毫无意义的，个人绩效需要通过组织绩效和群体绩效来体现。因此，组织绩效管理的最终落脚点在于对员工个人绩效的管理。

无论是"绩效结果观"还是"绩效行为观"，都有其局限性。如果把绩效作为结果，则会导致行为过程缺乏有效监控和正确引导，不利于团队合作、组织协同及资源的合理配置；如果把绩效作为行为，则容易导致行为短期化，使员工拘泥于具体工作，缺乏长远规划，从而使预期结果难以实现。因此，"绩效结果观"和"绩效行为观"都无法全面、完整、准确地描述绩效的内涵。而在实际的管理实践中，绩效更强调一个工作活动的过程及其结果，也就是说，个人绩效包括了工作行为及其结果。当我们对绩效进行评价时，不仅要考虑投入（行为），也要考虑产出（结果）。更多的学者提出，应当采用更为宽泛的概念来界定个人绩效，将个人绩效定义为"行为与结果的统一"更为恰当。因此，本书将个人绩效定义为个体所表现出的、能够被评价的、与组织及群体目标相关的工作行为及其结果，该定义一方面强调了与组织目标相关的工作活动的结果，突出了结果导向；另一方面体现了个体所表现出的促使结果达成的工作行为及过程。事实上，在管理实践当中的员工个人绩效是那些经过评价的工作行为及其结果，因此这一概念更加符合管理者实际工作的需要。

（二）绩效的性质

为了更深入地理解绩效的概念，必须同时理解和掌握绩效的性质。根据绩效的定义，绩效具有多因性、多维性和动态性三个性质，这些性质与绩效的概念、绩效评价以及绩效管理过程是密切相关的。

1. 多因性

绩效的多因性是指绩效的优劣并不由单一因素决定，而是受组织内外部因素共同作用的影响。影响绩效的外部因素主要包括社会环境、经济环境、国家法规政策以及同行业其他组织的发展情况等；内部因素主要包括组织战略、组织文化、组织架构、技术水平以及管理者领导风格等。但并不是所有影响因素的作用都是一致的，在不同情景下，各种因素对绩效的影响作用各不相同。在分析绩效差距时，只有充分研究各种可能的影响因素，才能够抓住影响绩效的关键因素，从而对症下药，更有效地对绩效进行管理，促进绩效水平的持续改进。

2. 多维性

绩效的多维性指的是评价主体需要多维度、多角度地去分析和评价绩效。组织绩效可包括三个方面，即有效性、效率和变革性。有效性指达成预期目的的程度；效率指组织使用资源的投入产出状况；而变革性则指组织应付将来变革的准备程度。这三个方面相互结合，最终决定一个组织的竞争力。对于员工个人绩效，在对其进行评价时，通常需要综合考虑员工的工作结果和工作态度两个方面。对于工作结果，可以通过对工作完成的数量、质量、效率以及成本等指标进行评价；对于工作态度，可以通过全局意识、纪律意识、服从意识以及协作精神等评价指标来衡量。根据评价结果的不同用途，可以选择不同的评价维度和评价指标，并根据期望目标与实际值之间的绩效差距设定具体的目标值和相应的权重。

3. 动态性

绩效的第三个特征是动态性，员工的绩效会随着时间的推移发生变化，原来较差的绩效有可能好转，而原来较好的绩效也可能变差。因此，在确定绩效评价和绩效管理的周期时，应充分考虑到绩效的动态性特征，具体情况具体分析，从而确定恰当的绩效周期，保证组织能够根据评价的目的及时、充分地掌握组织不同层面的绩效情况，减少不必要的管理成本。此外，在不同的环境下，组织对绩效不同内容的关注程度也是不同的，有时侧重于效率，有时侧重于效果，有时则兼顾多个方面。无论是组织还是个人，都必须以系统和发展的眼光来认识和理解绩效。

（三）影响绩效的主要因素与绩效诊断

1. 影响绩效的主要因素

（1）技能

技能指的是员工的工作技巧和能力水平。一般来说，影响员工技能的主要因素有天赋、智力、经历、教育、培训等。因此，员工的技能不是一成不变的，组织可以通过各种方式来提高员工的整体技能水平。一方面，可以通过招聘录用阶段的科学甄选；另一方面，可以为员工提供满足其工作所需的个性化培训或通过员工自身主动地学习来提高其工作技能。同时，员工技能的提高可以加速组织技术水平的提升，从而对组织绩效产生积极的影响。

（2）激励

激励作为影响绩效的因素，是通过提高员工的工作积极性来发挥作用的。为了使激励手段能够真正发挥作用，组织应根据员工个人的需求结构、个性等因素，选择适当的激励手段和方式。

（3）环境

影响工作绩效的环境因素可以分为组织内部的环境因素和组织外部的环境因素两类。组织内部的环境因素一般包括劳动场所的布局和物理条件，工作设计的质量及工作任务的性质，工具、设备以及原材料的供应，公司的组织结构和政策，工资福利水平，培训机会，企业文化和组织气氛等。组织外部的环境因素包括社会政治经济状况、市场的竞争强度等。不论是组织内部的环境因素还是组织外部的环境因素，都会通过影响员工的工作行为和工作态度来影响员工的绩效。

（4）机会

与前面三种影响因素相比，机会是一种偶然性因素。机会能够促进组织的创新和变革，给予员工学习、成长和发展的有利环境。在特定的情况下，员工如果能够得到机会去完成特定的工作任务，可能会使其达到在原有职位上无法实现的工作绩效。在机会的促使下，组织可以拓展新的发展领域，加速组织绩效的提升，因此，无论是对于组织还是个人，机会对绩效的影响都是至关重要的。

2. 绩效诊断

所谓绩效诊断，是指管理者通过绩效评价，判断组织不同层面的绩效水平，识别低绩效的征兆，探寻导致低绩效的原因，找出可能妨碍评价对象实现绩效目标的问题所在。对低绩效员工可以从以下三个角度进行绩效诊断：一是员工个人的因素，包括知识、技能和态度等，具体可能表现为从事工作所需要的知识和技能不足，缺乏工作动机，工作积极性不高等；二是管理者的因素，比如指令不清楚，目标不明确，缺乏必要的指导等；三是环境因素，比如战略不清晰，流程不顺畅，文化冲突等。绩效诊断对于组织而言非常重要，可及时发现问题并采取相应措施，在改进员工个人绩效的同时，促进群体和组织绩效水平的提高，从而持续提高整个组织的人力资源素质、增强组织的核心竞争力。因此，绩效诊断对于组织中的各级管理者来说，既是必备的技能，更是应负的责任。

（四）绩效管理概述

1. 绩效管理的含义

绩效管理就是指制定员工的绩效目标并收集与绩效有关的信息，定期对员工的绩效目标完成情况做出评价和反馈，以确保员工的工作活动和工作产出与组织保持一致，进而保证组织目标完成的管理手段与过程。

在现实中，人们对于绩效管理存在着许多片面的甚至错误的看法。要想完整、准确地理解绩效管理的含义，需要很好地把握绩效管理各方面的内容。

2. 绩效管理的内容

（1）绩效计划

绩效计划是整个绩效管理系统的起点，它是指在绩效周期开始时，由上级和员工一起就员工在绩效考核期内的绩效目标、绩效过程和手段等进行讨论并达成一致。当然，绩效计划并不是只在绩效周期开始时才会进行的，实际上它会随着绩效周期的推进而不断做出相应的修改。

（2）绩效跟进

绩效跟进是指在整个绩效期间，通过上级和员工之间的持续沟通来预防或解决员工实现绩效时可能发生的各种问题的过程。

（3）绩效考核

绩效考核是指确定一定的考核主体，借助一定的考核方法，对员工的工作绩效做出评价。

（4）绩效反馈

绩效反馈是指绩效周期结束时在上级和员工之间进行绩效考核面谈，由上级将考核结果告诉员工，指出员工在工作中存在的不足，并和员工一起制订绩效改进的计划。绩效反馈的过程在很大程度上决定了组织实现绩效管理目的的程度。

3. 绩效管理的目的

绩效管理的目的主要体现在三个方面：战略、管理与开发。绩效管理能够把员工的努力与组织的战略目标联系在一起，通过提高员工的个人绩效来提高企业整体绩效，从而实现组织战略目标，这是绩效管理的战略目的；通过绩效管理，可以对员工的行为和绩效进行评估，以便适时给予相应的奖惩以激励员工，其评价的结果是企业实行薪酬管理、做出晋升决策以及保留或解雇员工的决定等重要人力资源管理决策的重要依据，这是绩效管理的管理目的；在实施绩效管理的过程中，可以发现员工存在的不足，在此基础上有针对性地进行改进和培训，从而不断提高员工的素质，达到提高绩效的目的，这是绩效管理的开发目的。

4. 绩效管理的作用

关于绩效管理的作用，在大多数人的概念中就是进行奖金的分配，不可否认，这是绩效管理的一个重要作用，但绝不是唯一的作用。绩效管理是整个人力资源管理系统的核心，绩效考核的结果可以在人力资源管理的其他各项职能中得到运用，不仅如此，绩效管理还是企业管理的一个重要工具。

（五）绩效管理的意义

作为人力资源管理的一项核心职能，绩效管理具有非常重要的意义，这主要表现在以下几个方面。

1. 绩效管理有助于提升企业绩效

企业绩效是以员工个人绩效为基础而形成的，有效的绩效管理系统可以改善员工的工作绩效，进而有助于提高企业的整体绩效。目前国内外很多企业纷纷强化员工绩效管理，把它作为增强公司竞争力的重要途径。

2. 绩效管理有助于保证员工行为和企业目标的一致

企业绩效的实现有赖于员工的努力工作，人们对此早已形成共识，但是近年来的研究表明，两者的关系并不像人们想象中那么简单，而是非常复杂的。

在努力程度和公司绩效之间有一个关键的中间变量，即努力方向与企业目标的一致性。如果员工的努力程度比较高，但是方向却与企业的目标相反，则不仅不会增进企业的绩效，相反还会产生负面作用，保证员工行为与企业目标一致的一个重要途径就是绩效管理。由于绩效考核指标对员工的行为具有导向作用，因此通过设定与企业目标一致的考核指标，就可以将员工的行为引导到企业目标上来，例如，企业的目标是提高产品质量，如果设定的考核指标只有数量而没有质量，员工就会忽视质量，从而影响到企业目标的实现。

3. 绩效管理有助于提高员工的满意度

提高员工的满意度对于企业来说具有重要意义，而满意度是与员工需要的满足程度联系在一起的。在基本的生活得到保障以后，按照马斯洛的需要层次理论，每个员工都会有尊重需要和自我实现的需要，绩效管理则从两个方面满足了这种需要，从而有助于提高员工的满意度。首先，通过有效的绩效管理，员工的工作绩效能够不断地得到改善，这可以提高他们的成就感，从而满足自我实现的需要；其次，通过完善的绩效管理，员工不仅可以参与管理过程，而且可以得到绩效的反馈信息，这能够使他们感到自己在企业中受到重视，从而满足了尊重需要。

4. 绩效管理有助于实现人力资源管理的其他决策的科学、合理

绩效管理可以为人力资源管理的其他职能活动提供准确、可靠的信息，从而提高其他决策的科学性和合理性。

（六）绩效管理与人力资源管理其他职能的关系

绩效管理在企业的人力资源管理系统中占据着核心位置，发挥着重要的作用，并与人力资源管理的其他职能活动存在着密切关系。

1. 与职位分析的关系

职位分析是绩效管理的基础。在绩效管理中，对员工进行绩效考核的主要依据就是事先设定的绩效目标，而绩效目标的内容在很大程度上来自通过职位分析所形成的职位说明书。借助职位说明书来设定员工的绩效目标，可以使绩效管理工作更有针对性。

2. 与人力资源规划的关系

绩效管理对人力资源规划的影响主要表现在人力资源质量的预测方面，借助绩效管理系统，能够对员工目前的知识和技能水平做出准确的评价，为人力资源供给质量的和人力资源需求质量的预测提供有效的信息。

3. 与招聘录用的关系

绩效管理与招聘录用的关系是双向的。首先，通过对员工的绩效进行评价，能够对不同的招聘渠道的质量进行比较，从而实现对招聘渠道的优化；其次，对员工绩效的评价是检测甄选录用系统效度的一个有效手段；最后，招聘录用也会对绩效管理产生影响，如果招聘录用的质量比较高，员工在实际工作中就会表现出良好的绩效，这样就可以大大减轻绩效管理的负担。

4. 与培训开发的关系

绩效管理与培训开发也是相互影响的。通过对员工的绩效做出评价，可以发现培训的"压力点"，在对"压力点"做出分析之后就可以确定培训的需求，同时，培训开发也是改进员工绩效的一个重要手段，有助于实现绩效管理的目标。

5. 与薪酬管理的关系

绩效管理与薪酬管理的关系是最直接的，按照赫茨伯格的双因素理论，如果将员工的薪酬与绩效挂钩，使薪酬成为工作绩效的一种反映，就可以将薪酬从保健因素转变为激励因素，从而使薪酬发挥更大的激励作用。此外，按照公平理论的解释，支付给员工的薪酬

应当具有公平性,这样才可以更好地调动他们的积极性,为此就要对员工的绩效做出准确的评价,一方面,使他们的付出能够得到相应的回报,实现薪酬的自我公平;另一方面,也使绩效不同的员工得到不同的报酬,实现薪酬的内部公平。

6. 与人员调配的关系

企业进行人员调配的目的就是实现员工与职位的相互匹配。通过对员工进行绩效考核,可以确定员工是否胜任现有的职位,也可以发现员工适宜从事哪些职位。

二、绩效计划

(一)绩效计划概述

1. 绩效计划的定义

绩效计划是整个绩效管理过程的开始,这一阶段的主要任务是制订绩效计划,也就是说要通过上级和员工的共同讨论,确定员工的绩效考核目标和绩效考核周期。对绩效计划的定义,我们可以做以下理解:第一,绩效计划是对整个绩效管理过程的指导和规划,是一种前瞻性的思考。第二,绩效计划包含以下三部分内容:员工在考核周期内的绩效目标体系(包括绩效目标、指标和标准)、绩效考核周期;为实现最终目标,员工在绩效考核周期内应从事的工作和采取的措施;对绩效跟进、绩效考核和绩效反馈阶段的工作做一个规划和指导。第三,绩效计划必须由员工和管理者双方共同参与,绩效计划上有关员工绩效考核的事项,如绩效目标等,需经双方共同确认。第四,既然是前瞻性思考,就有可能出现无法预料的事情,所以绩效计划应该随着外界环境和企业战略的变化而随时进行调整,不能墨守成规。

2. 绩效计划的作用

绩效计划对于整个绩效管理工作的成功与否甚至组织的发展都具有重要影响,主要体现在以下几个方面:制订行动计划,指导整个绩效管理环节的有效实施;增强后续工作的计划性,有效降低浪费和冗余;设定考核指标和标准,有利于组织对员工工作的监控和指导,同时也为考核工作提供了衡量指标和标准,使考核得以公正、客观、科学,容易获得员工的接受;员工参与计划的制订,增强员工的参与感和受重视感,同时也提高了员工对绩效目标的承诺;绩效计划是将组织战略目标和员工的考核指标相结合的重要环节,只有经过这一环节,才能使绩效考核和绩效管理上升到组织战略的高度,有助于组织战略目标的实现。

（二）绩效计划的主要内容

1. 绩效考核目标

绩效考核目标也叫绩效目标，是对员工在绩效考核期间工作任务和工作要求所做的界定，这是对员工进行绩效考核时的参照系。绩效目标由绩效内容和绩效标准组成。

（1）绩效内容

绩效内容界定了员工的工作任务，也就是说员工在绩效考核期间应当做什么事情，它包括绩效项目和绩效指标两个部分。

绩效项目是指绩效的维度，也就是说要从哪些方面来对员工的绩效进行考核。按照前面所讲的绩效的含义，绩效的维度，即绩效考核项目有三个：工作业绩、工作能力和工作态度。

绩效指标是指绩效项目的具体内容，它可以理解为对绩效项目的分解和细化，例如对于某一职位，工作能力这一考核项目就可以细化为分析判断能力、沟通协调能力、组织指挥能力、开拓创新能力、公共关系能力以及决策行动能力这六项具体指标。

对于工作业绩，设定指标时一般要从数量、质量、成本和时间四个方面进行考虑；对于工作能力和工作态度，则要具体情况具体对待，根据各个职位不同的工作内容来设定不同的指标。绩效指标的确定，有助于保证绩效考核的客观性。确定绩效指标时，应当注意以下几个问题。

①内涵明确、清晰

应对每一个绩效评价指标规定明确的含义，以避免不同的评价者对评价指标的内容产生不同的理解，从而减少评价误差的产生。绩效评价指标的表达应明确、清晰，用于定义评价指标的名词应准确，没有歧义，使评价者能够轻松地理解它的含义，不会有模棱两可的感觉。

②具有独立性

各个评价指标尽管有相互作用或相互影响、相互交叉的内容，但定要有独立的内容，有独立的含义和界定。

③具有针对性

评价指标应针对某个特定的绩效目标，并反映相应的绩效标准。因此，应根据岗位职能所要求的各项工作内容及相应的绩效目标和标准来设定每一个绩效评价指标。

④易于衡量

评价绩效指标应当有利于以最有效的方式来提供关于绩效的必要信息。设计绩效指标时应当将成本、准确性和所需数据的可获得性等问题考虑在内。

（2）绩效标准

设定了绩效指标之后，就要确定绩效指标达成的标准。绩效标准是对员工工作要求的进一步明确，即对员工绩效内容做出明确的界定：员工应当怎样来做或者做到什么程度。

确定绩效标准时，应当注意以下几个问题。

①绩效标准应当明确

按照目标激励理论的解释，目标越明确，对员工的激励效果就越好，因此在确定绩效标准时应当具体清楚，不能含糊不清，这就要求尽可能地使用可量化的标准。

②绩效标准应当适度

制定的标准要具有一定的难度，但员工经过努力可以实现，通俗地讲就是"跳一跳可以摘到桃子"，这同样源自目标激励理论的解释，目标太容易或者太难，对员工的激励效果都会大大降低，因此绩效标准应当在员工可以实现的范围内确定。

③绩效标准应当可变

这包括两层含义，一是指对于同一个员工来说，在不同的绩效周期，随着外部环境的变化，绩效标准有可能也要变化，例如对于空调销售员来说，由于销售有淡季和旺季之分，因此淡季的绩效标准就应当低于旺季；二是指对于不同的员工来说，即使在同样的绩效周期，由于工作环境不同，绩效标准也有可能不同。仍以空调销售员为例，有两个销售员，一个在昆明工作，一个在广州工作，由于气候原因，昆明的人们对空调基本上没有需求，而广州的需求则比较大，因此这两个销售员的绩效标准就应当不同，在广州工作的销售员，绩效标准就应当高于在昆明工作的销售员。

（3）绩效目标的 SMART 原则

对于绩效目标的设计要求，一般可以概括为以下五个原则，简称"SMART 原则"。

第一，目标明确具体原则（specific）。绩效目标必须是具体的，以保证其明确的牵引性。由于每位员工的具体情况不同，绩效目标要明确地、具体地体现出管理者对每一位员工的绩效要求。

第二，目标可衡量原则（measurable）。绩效目标必须是可衡量的，必须有明确的衡量指标。所谓衡量，就是指员工的实际绩效表现与绩效目标之间可以进行比较。

第三，目标可达成原则（attainable）。绩效目标必须是可以达到的，不能因指标无法达成而使员工产生挫折感，但这并不否定其应具有挑战性。

第四，目标相关原则（relevant）。绩效目标必须是相关的，它必须与公司的战略目标、部门的任务及职位职责相联系。

第五，目标时间原则（time-based）。绩效目标必须是以时间为基础的，即必须有明确的时间要求。

2. 绩效考核周期

绩效考核周期也叫绩效考核期限，是指多长时间对员工进行一次绩效考核。由于绩效考核需要耗费一定的人力、物力，因此考核周期过短会增加企业管理成本的开支；而绩效考核周期过长又会降低绩效考核的准确性，不利于员工工作绩效的改进，从而影响到绩效管理的效果。因此，在准备阶段，还应当确定恰当的绩效考核周期。

在确定绩效考核周期时，要考虑以下几个因素。

（1）职位的性质

不同的职位，工作的内容是不同的，因此绩效考核的周期也应当不同。一般来说，职位的工作绩效比较容易考核，考核周期相对要短一些，如工人的考核周期相对就应当比管理人员的短。同时，职位的工作绩效对企业整体绩效的影响比较大的，考核周期相对要短一些，这样有助于及时发现问题并进行改进，如销售职位的绩效考核周期相对就应当比后勤职位的短。

（2）指标的性质

不同的绩效指标，其性质是不同的，考核的周期也应当不同。一般来说，性质稳定的指标，考核周期相对要长一些；相反，考核周期相对就要短一些。例如，员工的工作能力比工作态度相对稳定一些，因此能力指标的考核周期相对比态度指标就要长一些。

（3）标准的性质

在确定考核周期时，还应当考虑绩效标准的性质，就是说考核周期的时间应当保证员工经过努力能够实现这些标准，这一点其实是与绩效标准的适度性联系在一起的。例如"销售额为 50 万元"这一标准，按照经验需要 2 周左右的时间才能完成，如果将考核周期定为 1 周，员工根本就无法完成，如果定为 4 周，又非常容易实现，在后两种情况下，对员工的绩效进行考核都是没有意义的。

（三）绩效计划的工具

自 20 世纪 50 年代以来，绩效管理逐渐发展成为人力资源管理理论研究的重点，学者们先后研究提出了目标管理、关键绩效指标（key performance indicators，KPI）、平衡计分卡（balance score card，BSC）等工具。而其中以 KPI 和 BSC 为基础构建的绩效考核指标体系一方面能够很好地将组织的战略目标和具体考核指标相互结合，另一方面也具有较强的可操作性，在广大企业的实践中获得了大家的认可，成为越来越受欢迎的绩效计划工具。

1. 关键绩效指标

随着管理实践的不断发展和成熟，绩效管理也逐渐上升到战略高度，强调对企业战略规划的承接。管理学界探索各种评估方法，将结果导向和行为导向的评估方法的优点相结合，强调工作行为和目标达成并重。在这种背景下，关键绩效指标应运而生。

关键绩效指标是衡量企业战略实施效果的系统性关键指标，它是战略目标通过层层分解产生的可操作性的指标体系，其目的是建立一种机制，将企业战略转化为内部过程和活动，不断增强企业的核心竞争力，使企业能够得到持续发展。可从以下几个方面深入理解其具体含义：①关键绩效指标是衡量企业战略实施效果的关键的指标体系。这包含三个层面的含义：首先，关键绩效指标的功能是用来衡量企业战略实施效果，是战略导向的；其次，关键绩效指标强调关键，即最能有效影响企业价值创造的关键驱动因素，是对企业成功具有重要影响的方面；最后，关键绩效指标是一套指标体系，体系里面包含了所有对企业成功具有重要影响的衡量指标。②关键绩效指标体现的是对组织战略目标有增值作用的绩效指标。关键绩效指标是连接个人绩效和企业战略目标的桥梁，可以引导员工真正做出有利于组织战略目标实现的行为。③关键绩效指标是用于评价和管理员工绩效的可量化的和可行为化的标准体系。关键绩效指标体系是用来对员工的工作行为和工作结果进行衡量的，指标必须是可以量化或可行为化的，否则便无法用来衡量和考核。

2. 平衡计分卡

平衡计分卡和战略地图是一脉相承的关系，先用战略地图对公司的战略进行描述，然后利用平衡计分卡从四个层面对战略进行衡量，正是战略地图和平衡计分卡的结合，使得这套工具由绩效衡量工具上升为战略管理工具。

平衡计分卡以企业的战略和使命为基础，依托企业战略，对每项战略进行分解，制定衡量指标和目标值，同时配之以达成目标的行动方案，形成一套对战略进行衡量的考核指标体系。平衡计分卡从四个层面来衡量企业的绩效：财务层面、客户层面、内部流程层面和学习与成长层面。这四个层面将财务指标和非财务指标有机结合在一起，打破了以财务指标为核心的传统的绩效管理系统框架。并且，平衡计分卡将企业的战略目标和绩效评价指标紧密联系起来，对员工的行为起着更明确的导向作用，有助于企业战略目标的实现。同时，平衡计分卡实现了财务指标和非财务指标的平衡、组织内外部指标的平衡、前置指标和滞后指标的平衡、长期指标和短期指标的平衡。

（1）财务层面

财务层面衡量公司的财务和利润情况，考察战略的实施和执行能否为最终经营成果的改善做出贡献，财务层面是其他层面的目标和指标的核心。财务层面的最终目标是利润最大化。不同类型的企业在不同的发展时期会有不同的财务目标，但是一般而言，可以将财务目标分成收入增长、生产率提高、成本下降、资产利用、风险管理等主题，企业可以从中选择适当的财务目标。

（2）客户层面

客户层面反映了企业吸引客户、保留客户和提高客户价值方面的能力。企业应该首先确定自己的目标客户和细分市场，然后针对目标客户确定自己的客户价值主张，卡普兰和诺顿提供了四种通用的价值主张，即竞争战略、总成本最低战略、产品领先战略、全面客户解决方案和系统锁定战略。

（3）内部流程层面

内部流程层面反映了企业内部运营的资源和效率，关注导致企业绩效更好的决策和行动过程，特别是对顾客满意度和股东满意度有重要影响的流程。内部流程可以分为四类：运营管理流程、客户管理流程、创新流程以及法规与社会流程。内部流程是企业改善经营业绩的重点，常见的指标包括产品合格率、生产周期、新产品开发速度、出勤率等。

（4）学习与成长层面

学习与成长层面描述了前面三个层面的基础架构，是驱使前三个层面获得成功的内在动力。学习与成长层面关注组织未来的发展潜力，主要有三个来源：人、系统和组织程序。相对于其他层面而言，该层面可以考虑选用的指标有员工的满意度、保留率、战略信息覆盖率、战略目标的一致性等。

平衡计分卡四个层面的指标和目标都来源于组织的使命、愿景和战略，是对使命、愿景、战略的分解、细化和现实支撑。四个层面内部存在层层支撑、层层传递的内在联系，构成了一个紧密联系、有机统一的整体。

（四）绩效计划的基本过程

在制订计划时，管理人员需要根据上一级部门的目标，并围绕本部门的职责、业务重点以及客户（包括内部各个部门）对本部门的需求来制订本部门的工作目标。然后，根据员工所在职位的职责，将部门目标分解到具体责任人，形成员工的绩效计划。因此，绩效目标大致有三个主要来源：一是上级部门的绩效目标；二是职位职责；三是内外部客户的需求。管理人员在制订绩效计划时，一定要综合考虑以上三个方面。一般来说，绩效计划包括三个阶段：准备阶段、沟通阶段、绩效计划的审定与确认阶段。

在准备阶段，管理人员需要了解组织的战略发展目标和计划、企业年度经营计划、部门的年度工作重点、员工所在职位的基本情况、员工上一绩效周期的绩效考核结果等信息。同时，管理人员还需要决定采用什么样的方式来进行绩效计划的沟通。

在沟通阶段，管理人员与员工主要通过对环境的界定和对能力的分析，确定有效的目标，制订绩效计划，并就资源分配、权限、协调等可能遇到的问题进行讨论。在一般情况下，绩效计划沟通时应该至少回答这几个问题：该完成什么工作？按照什么样的程序完成工作？何时完成工作？需要哪些资源与支持？

在绩效计划的审定与确认阶段，管理人员需要与员工进一步确认绩效计划，形成书面的绩效合同，并且管理人员和员工都需要在该文档上签字确认。需要补充的是，在实际工作中，绩效计划一经订立并不是就不可改变，环境总是在不断发生变化的，在绩效计划的实施过程中往往需要根据实际情况及时调整。

绩效计划的结果是绩效合同，所以很多管理人员过分关注最终能否完成绩效合同。实际上，最终的绩效合同很重要，制订绩效计划的过程也非常重要。在制订绩效计划的过程中管理人员必须认识到，绩效计划是一个双向沟通过程，一方面，管理人员需要向员工沟通部门对员工的期望与要求；另一方面，员工也需要向管理人员沟通自己的认识、疑惑、可能遇到的问题及需要的资源等。

此外，绩效管理还包含绩效跟进、绩效考核、绩效反馈等，篇幅所限，这里不过多介绍。

第二节 薪酬管理

一、薪酬管理概论

（一）薪酬的概念

1. 报酬与薪酬

（1）报酬

报酬是员工完成任务后，所获得的一切有形和无形的待遇。通常情况下，将一位员工为某一个组织工作而获得的各种他认为有价值的东西统称为报酬。

（2）薪酬

薪酬泛指因员工向用人单位让渡自己的劳动而获得的各种形式的报酬，包括薪资、福利和保险等各种直接或间接的报酬，其实质是一种公平的交易。薪酬有不同的表现形式，如精神的与物质的、有形的与无形的、货币的与非货币的、内在的与外在的等。

2. 薪酬的相关概念

（1）薪资

薪资即薪金、工资的简称。薪金通常是指支付给以脑力劳动为主的白领或金领阶层的，以较长时间为单位计算的员工劳动报酬，一般支付周期较长，如月薪、年薪，国内常使用"薪水"一词。工资通常指支付给以体力劳动为主的蓝领阶层的，以工时或完成产品的件数计算的员工应当获得的劳动报酬，一般支付周期较短，如计时工资（小时、日、周工资）或计件工资。

（2）收入

收入指员工所获得的全部报酬，包括薪资、奖金、津贴和加班费等项目的总和。

（3）薪给

薪给主要取支付的含义，分为工资和薪金两种形式。

（4）奖励

奖励指员工超额劳动的报酬，如红利、佣金、利润分享等。

（5）福利

福利指公司为每个员工提供的福利项目，如带薪年假、各种保险等。

（6）分配

社会在一定时期内对新创造的产品或价值即国民收入的分配，包括初次分配和再分配（或二次分配）。

（二）薪酬的构成

总薪酬有时也称全面薪酬，它概括了各种形式的薪酬和福利，既包括基本薪酬、绩效薪酬、福利和服务，还包括一次性奖金、股票期权等其他多种经济性报酬，其中最重要的三个组成部分即基本薪酬、绩效薪酬以及福利和服务。

1. 基本薪酬

基本薪酬是指一个组织根据员工所承担或完成的工作本身或者是员工所具备的完成工作的技能或能力而向员工支付的相对稳定的经济性报酬。

2. 绩效薪酬

绩效薪酬是薪酬系统中与绩效直接挂钩的经济性报酬，有时也称浮动薪酬或奖金。绩效薪酬的目的是在绩效和薪酬之间建立起直接联系，这种业绩既可以是员工个人的业绩，也可以是组织中某一业务单位、员工群体、团队甚至整个公司的业绩。

3. 福利和服务

福利和服务不是以员工向组织提供的工作时间为计算单位的，它一般包括非工作时间付薪、向员工个人及家庭提供的服务、健康及医疗保健、人寿保险以及法定和补充养老金等。福利通常可以划分为法定福利和企业自主福利两大类。

（三）薪酬的实质

从某种意义上说，薪酬是组织对员工的贡献包括员工的态度、行为和业绩等所给予的各种回报，其实质是一种公平的交易。从广义上来说，薪酬包括工资、奖金、休假等外部回报，也包括参与决策、承担更大的责任、归属感和挑战性的工作等内部回报。

外部回报是指员工因为雇佣关系从自身以外所得到的各种形式的回报，也称外部薪酬。外部薪酬包括直接薪酬和间接薪酬。直接薪酬是员工薪酬的主体组成部分，既包括员工的基本薪酬，即基本工资，如周薪、月薪、年薪等；也包括员工的激励薪酬，如绩效工资、红利和利润分享等。间接薪酬即福利，包括公司向员工提供的各种保险、非工作日工资、额外的津贴和其他服务，比如单身公寓、免费工作餐、子女入托、老人护理和带薪假期等。

内部回报指员工自身心理上感受到的回报，主要体现为一些社会和心理方面的回报。包括参与企业决策，获得更大的工作空间或权限、更大的责任、更有趣的工作、融洽的同事关系、个人成长的机会和活动的多样化等。内部回报往往看不见，也摸不着，不是简单的物质付出，对于企业来说，如果运用得当，就能对员工产生较大的激励作用。然而，在管理实践中内部回报方式经常会被管理者所忽视。管理者应当认识到内部回报的重要性并合理地运用。

（四）薪酬的职能

薪酬职能是指薪酬在运用过程中具体功能的体现和表现，是薪酬管理的核心，包括补偿职能、激励职能、调节职能、效益职能和统计监督职能。

1. 补偿职能

职工在劳动过程中体力与脑力的消耗必须得到补偿，保证劳动力的再生产，劳动才能继续，社会才能不断进步和发展。同时，职工为了提高劳动力素质，要进行教育进行投资，这笔费用也需要得到补偿，否则就没有人愿意对教育进行投资，劳动力素质就难以不断提高，进而影响社会发展。

2. 激励职能

薪酬制定的公平与否，直接影响员工的工作积极性。薪酬的激励职能的典型表现是奖金的运用。奖金是对工作表现好的员工的一种奖励，也是对有效超额劳动的补偿，对员工有很大的激励作用。

3. 调节职能

薪酬的调节职能主要表现为引导劳动者合理流动。劳动力市场中劳动力供求的短期决定因素是薪酬，薪酬高，劳动供给数量就大；薪酬低，劳动力供给数量就少。

4. 效益职能

从雇主的眼光来看，薪酬具有效益职能。薪酬对企业来说是劳动的价格，是投入的可变成本。所以，不能将企业的薪酬投入仅看成货币投入。它是资本金投入的特定形式，是投入活劳动（通过劳动力）这一生产要素的货币表现。因此，薪酬投入也就是劳动投入，而劳动是经济效益的源泉。此外，薪酬对劳动者来说是收入，是生活资料的来源。

5. 统计监督职能

薪酬是按劳动数量与质量进行分配的，所以，薪酬可以反映出劳动者向社会提供的劳动量（劳动贡献）。薪酬是按一定价格来购买与其劳动支出量相当的消费资料的，所以，薪酬还可以反映出劳动者的消费水平。因此，通过薪酬就把劳动量与消费量直接联系起来了。

（五）薪酬管理的含义及目标

薪酬管理是指根据企业总体发展战略的要求，通过管理制度的设计与完善，薪酬激励计划的编制与实施，最大限度地发挥各种薪酬形式如工资、奖金和福利等的激励作用，为企业创造更大的价值。进行薪酬管理，要达到以下目标：（1）保证薪酬在劳动力市场上具有竞争性，吸引并留住优秀人才。（2）对各类员工的贡献给予充分肯定，使员工及时得到相应的回报。（3）合理控制企业人工成本，提高劳动生产效率，增强企业产品的竞争力。（4）通过薪酬激励机制的确立，将企业与员工长期、中短期经济利益有机地结合在一起，促进公司与员工结成利益关系共同体，谋求员工与企业的共同发展。

（六）薪酬管理的原则

薪酬管理的原则是企业价值观的体现，它告诉员工：企业为什么提供薪酬，员工的什么行为或结果是企业非常关注的，员工的薪酬构成是为了对员工的什么行为或结果产生影响，员工在什么方面有提高时才能获得更高的薪酬等。目前，企业普遍认为进行有效的薪酬管理应遵循以下原则。

1. 对外具有竞争性原则

支付符合劳动力市场水平的薪酬，确保企业的薪酬水平与同行业、类似企业的薪酬水平相当。虽然不一定完全相同，但是相差不宜过大，否则薪酬太低会使企业对人才失去吸引力。

2. 对内具有公平性原则

支付相当于员工岗位价值的薪酬。在企业内部，不同岗位的薪酬水平应当与这些岗位对企业的贡献相一致，否则会影响员工的工作积极性。薪酬的设定应该对岗不对人，无论男女老少在同一岗位上工作都应当享受同等的薪酬，即同工同酬，它的前提是每个员工都是按照岗位说明书经过严格的筛选被分配到该岗位的，岗位与员工匹配程度高。

3. 激励性原则

适当拉开员工之间的薪酬差距。根据员工的实际贡献付薪，并且适当拉开薪酬差距，使不同业绩的员工能在心理上觉察到这个差距，并产生激励作用。让业绩好的员工认为得到了鼓励，业绩差的员工认为值得去改进，以获得更好的回报。

4. 经济性原则

在实现前面三个基本原则的前提下，企业应当充分考虑自己的经营状况和实际的支付能力，根据企业的实际情况，对人工成本进行必要的控制。

5. 合法性原则

企业报酬制度必须符合党和国家的政策法律。由于我国法制建设过程受过这样那样的干扰，起步较晚，所以有关劳动工资的正式立法还不多，现仍处于不断充实完善的阶段。

二、薪酬管理的主要内容

概括来说，薪酬管理包括薪酬制度设计和薪酬日常管理两个方面。薪酬制度设计主要是指薪酬策略设计、薪酬体系设计、薪酬水平设计、薪酬结构设计等。薪酬制度设计是薪酬管理最基础的工作，如果薪酬制度有问题，企业薪酬管理不可能取得预定目标。薪酬日常管理是由薪酬预算、薪酬支付、薪酬调整组成的循环，这个循环可以称为薪酬成本管理循环。薪酬制度建立起来后，应密切关注薪酬日常管理中存在的问题，及时调整公司薪酬策略，调整薪酬水平、薪酬结构以及薪酬体系以实现效率、公平、合法的薪酬目标，从而保证公司发展战略的实现。薪酬管理具体包括以下内容。

（一）环境分析

环境分析就是通过调查分析，了解企业所处的内外环境的现状和发展趋势，它是薪酬管理的前提和基础。环境分析是一项复杂而重要的工作。说它复杂是因为企业所处的环境非常复杂，不仅包括经济、社会、生活水平、国家政治法律、产业政策、劳动供给和失业率等因素构成的外部环境，还包括企业的性质、规模、发展阶段、企业文化、组织结构、工作特征、员工素质等因素构成的内部环境。而且，每一种环境因素又处于一种动态的发展过程之中。这就要求企业不仅要清楚这些环境因素的现实状况，还要根据各自变化的规律对其未来的情况做出准确的预测。

环境分析是薪酬管理的首要步骤，它为后面几个步骤提供了重要的基础性材料。所以，环境分析的质量直接影响到薪酬策略的选择、工作分析以及岗位评价等重要过程的工作质量。一个好的薪酬体系必须表现出与环境之间的动态适应性。可以说，薪酬环境分析关系到企业薪酬目标的实现。尤其对于那些处在创业期的企业，能否准确地分析和预测环境，不仅关系到能否吸引和留住人才，更决定着企业的发展命运。

（二）岗位评价

1. 岗位评价的含义

岗位评价又称职位评估、工作评估或岗位测评，是在工作分析的基础上，对工作岗位的责任大小、工作强度、工作复杂性、所需资格条件等特性进行评价，以确定岗位相对价值的过程。在对企业所有岗位的相对价值进行科学分析的基础上，通过排列法、配对比较法和要素计点法等对岗位进行排序。岗位评价是新型薪酬管理的关键环节，要充分发挥薪酬机制的激励和约束作用，最大限度地调动员工的主动性、积极性和创造性。在设计企业的薪酬体系时就必须进行岗位评价。岗位评价解决的是薪酬的内部公平性问题。

2. 岗位评价的方法

（1）排列法

排列法是采用非分析和非定量的方法，由评定人员凭着自己的判断，不将工作内容分解为组成要素，而只是根据工作岗位的相对价值按高低次序进行排列，从而确定某个工作岗位与其他工作岗位的关系。排列法是一种最为简单、最易操作的岗位评价方法。

排列法的优点是：①简便易行；②作为一个整体对各岗位进行评定，避免了因工作要素分解而引起的矛盾和争论；③直观，适用于岗位数量不多的测评。

排列法的缺点是：①在工作岗位数多且不相近时，难以找到熟悉所有工作内容的评定人员；②评价主观，缺乏严格、科学的评判标准，评价结果弹性大，易受到其他因素的干扰；③排列法本身并不能为等级划分提供依据，且无法衡量工作等级之间的差异程度；④只适用生产单一且岗位较少的中小企业。

（2）要素计点法

①要素计点法的含义

要素计点法又称点数加权法或点数法，是目前大多数国家最常用的方法。这种方法预先选定若干关键性薪酬因素，并对每个要素的不同水平进行界定，同时给各水平赋予一定分值，这个分值也称为"点数"，然后按照这些要素对职位进行评估，得出每个职位的总点数。

②要素计点法的步骤

步骤一：确定和评价要素。选取报酬要素并对其进行定义，一般来讲，要素的数量在5~15个左右。报酬要素即各职位中所包括的有助于组织目标实现的要素。常见的报酬要素有以下四种：工作技能、努力程度、工作责任和工作条件。通常情况下，在主要报酬要素选定以后，还会选择其相关子要素，如工作技能的子要素会包括专业知识、技术水平、经验等。报酬要素选定以后，还要对报酬要素进行定义。

步骤二：划定评价要素等级。等级划分的依据是组织中各职位在该报酬要素上的差异程度。差异越大，则报酬要素的等级数量越多。

步骤三：确定评价要素比重，通常情况是设定全部要素为100，各要素用百分比表示各报酬要素的权重。应根据各报酬要素在整个评价体系中的重要性程度，确定其所占的百分比。

步骤四：各评价要素等级的点数配给。首先，要确定整个评价体系的总点数。一般来说，待评价的职位数量越多，总点数就越大；然后，根据各报酬要素所占权重，计算出各报酬要素相应的点数；最后，确定每一报酬要素内部各等级的点值。这一过程可以采取经验判断的方法，但是为了保证评价的客观性，一般采用等比或等差等有规律的方法。

步骤五：运用报酬要素评价标准体系，评价各待评价职位，并根据评价结果建立职位等级结构。在进行评价时，评价者要考虑被评价的职位在各个报酬要素上所处的等级，然后加总这些等级所对应的点数，得出该职位所获得的总点数，即最终评价结果，待所有待评价职位的总点数都计算出来以后，根据点数的大小对所有职位进行排列。

③要素计点法的优点

主观随意性较少，可靠性强；相对客观的标准使评估结果让人易于接受；通俗，易于推广；可使用统计方法来分析数据。

④要素计点法的缺点

费时，需投入大量人力；因素定义和权重确定有一定技术难度；方法并不完全客观和科学，因素的选择、等级的定义和因素权重的确定在一定程度上受主观因素的影响；该方法适用于大型企业，对中小企业来说，可能不是最好的办法。

（三）薪酬调查

薪酬调查指一个组织通过收集信息来判断其他组织所支付的薪酬状况的系统过程，这种调查能够向实施调查的组织提供市场上的各种相关组织（有时也包括竞争对手）向员工支付的薪酬水平和薪酬结构等方面的信息。

企业的薪酬体系必须在薪酬体系设计之初进行详细的薪酬市场调查，摸清行情，相机而动。只有这样，才能保证薪酬体系的激励性和吸引力，才能真正发挥薪酬这把双刃剑的作用。

（四）制定薪酬策略

薪酬策略是有关薪酬分配的原则、标准、薪酬总体水平的政策和策略。应在对组织环境进行系统分析的基础上，明确怎样的薪酬策略才符合企业的实际情况和企业战略的要求。企业设计薪酬首先必须在发展战略的指导下制定企业的薪酬策略，企业薪酬策略的制定包含水平策略和结构策略两个方面。

1. 薪酬水平策略

薪酬水平是指组织整体平均薪酬水平，包括各部门、各岗位薪酬在市场薪酬中的位置。薪酬的水平策略主要是制定企业相对于当地市场薪酬行情和竞争对手薪酬水平的企业自身薪酬水平策略。供企业选择的薪酬水平策略有以下几种。

（1）市场领先策略

采用这种薪酬策略的企业，薪酬水平在同行业中是处于领先地位的。市场领先策略一般基于以下几点考虑：市场处于扩张期，有很多的市场机会和成长空间，对高素质人才需求迫切；企业处于高速成长期，薪酬的支付能力比较强；在同行业的市场中处于领导地位；经济处于繁荣期。

（2）市场跟随策略

采用这种策略的企业，一般都建立或找准了自己的标杆企业，企业的经营与管理模式都向标杆企业看齐，薪酬水平跟标杆企业差不多。处于经济发展的平稳期，企业的战略为稳定战略的前提下，适合采用市场跟随策略。

（3）市场滞后策略

市场滞后策略即企业在制定薪酬水平策略时不考虑市场和竞争对手的薪酬水平，只考虑尽可能地节约企业生产、经营和管理的成本，这种企业的薪酬水平一般比较低。采用这种薪酬水平的企业一般实行成本领先战略，经济处于萧条期，企业处于初创或转型期，甚至处于衰退阶段。

（4）混合薪酬策略

混合薪酬策略就是在企业中针对不同的部门、不同的岗位、不同的人才，采用不同的薪酬策略。比如对于企业核心与关键性人才及岗位采用市场领先薪酬策略，而对一般的人才、普通的岗位采用非领先的薪酬水平策略。

企业要明确界定各类员工的薪酬水平，以实现员工与企业之间公平的价值交换，这是薪酬管理的重要内容，其基本原则是按照员工对企业的贡献确定不同的薪酬水平。同时，为了体现薪酬管理对外竞争性的基本原则，还必须根据劳动力市场的供求关系以及社会消费水平的变化，及时对企业员工的总体薪酬水平适时地进行调整。

2. 薪酬结构策略

市场薪酬调查的目的就是为企业确定薪酬结构和薪酬水平提供参考。薪酬结构是薪酬体系的骨架，有广义和狭义之分。狭义的薪酬结构是指同一组织内部不同岗位薪酬水平的对比关系，广义的薪酬结构还包括不同薪酬形式在薪酬总额中的比例关系，如基本薪酬与可变薪酬、福利薪酬之间的不同薪酬组合。薪酬结构主要是指企业总体薪酬所包含的固定部分薪酬（主要指基本工资）和浮动部分薪酬（主要指奖金和绩效薪酬）所占的比例。供企业选择的薪酬结构有以下几种。

（1）高弹性薪酬模式

高弹性薪酬模式是一种激励性很强的薪酬模式，绩效薪酬是薪酬结构的主要组成部分，基本薪酬等处于非常次要的地位，所占的比例非常低（甚至为零），即薪酬中固定部分比例比较低，而浮动部分比例比较高。在这种薪酬模式下，员工能获得多少薪酬完全依赖于工作绩效的好坏。当员工的绩效非常优秀时，薪酬则非常高；而当绩效非常差时，薪酬则非常低甚至为零，比如保险业务一般采用这一薪酬结构。

（2）高稳定薪酬模式

高稳定薪酬模式是一种稳定性很强的薪酬模式，基本薪酬是薪酬结构的主要组成部分，绩效薪酬等处于非常次要的地位，所占的比例非常低（甚至为零），即薪酬中固定部分比例比较高，而浮动部分比较少。在这种薪酬模式下，员工的收入非常稳定，几乎不用努力就能获得全额薪酬，行政性工作岗位适合这一薪酬结构。

（3）调和型薪酬模式

调和型薪酬模式是一种既有激励性又有稳定性的薪酬模式，绩效薪酬和基本薪酬各占一定的比例。当两者比例不断调和变化时，这种薪酬模式可以演变为以激励为主的模式，也可以演变为以稳定为主的薪酬模式。

（五）设定薪酬等级

薪酬变动范围又称为薪酬区间，指在某一薪酬等级内部允许薪酬变动的最大幅度。薪酬变动范围说明的是在同一薪酬等级内部，最低薪酬水平和最高薪酬水平之间的绝对差距问题。

等级划分的数目受组织的规模和工作性质的影响，没有绝对的标准。一般来说，等级数目少，薪酬宽度大，员工晋升慢，激励效果差；等级数目多，岗位层次多，管理成本就会增加。可见，薪酬等级与组织结构密切相关，薪酬等级的确定必须考虑组织的结构因素。宽带薪酬模式就是一种与企业组织扁平化相适应的新型设计。

（六）设计薪酬体系

1. 薪酬体系的概念

薪酬体系是指薪酬中相互联系、相互制约、相互补充的各个构成要素形成的有机统一体，其基本模式包括基本工资、津贴、奖金、福利、保险等形式。薪酬体系一般来说是指支付薪酬基准，即绝对本薪（基本工资）的根据是什么，按其差异可区分薪酬性质和特征。可见，狭义的薪酬体系决策的主要任务是确定企业基本薪酬的依据。企业可以从职位、技能、能力三个要素中选择其一作为确定薪酬体系的依据。企业可以只选用一种薪酬结构，也可能会同时使用两种或三种薪酬体系，比如对生产人员、职能管理人员、技术研发人员和销售人员采用不同的薪酬体系等。

2. 薪酬体系的类型

薪酬体系要体现公平性和激励性，要能够激发员工的积极性和创造性。选择何种类型的薪酬体系，取决于企业所面对的多种内外部因素。目前，通行的薪酬体系类型主要有岗位薪酬体系、技能薪酬体系和绩效薪酬体系三种。

（1）岗位薪酬体系

岗位薪酬体系是应用最为广泛，同时也是最为稳定的薪酬体系类型。所谓岗位薪酬体系，就是指根据员工在组织中的不同岗位特征来确定其薪酬等级与薪酬水平。岗位薪酬体系以岗位为核心要素，建立在对岗位的客观评价基础之上，对事不对人，能充分体现公平性，操作相对简单。企业如果岗位明晰，职责清楚，工作程序性较强，那么就比较适宜采用岗位薪酬体系。

（2）技能薪酬体系

随着人力资源被提升到战略地位，人才的市场竞争日趋激烈，企业的生存越来越取决于员工的素质能力和聪明才智的发挥。为了增强对人才的吸引力，充分发挥各类人才的工作积极性和潜力，一些企业转而把与企业发展息息相关的员工技术和能力水平作为薪酬等级和水平的确定依据，技能薪酬体系便应运而生。技能薪酬体系又可分技术薪酬体系和能力薪酬体系两种类型。

技术薪酬体系是指组织根据员工所掌握的与工作有关的技术或知识的广度和深度来确定员工薪酬等级和水平。这种薪酬体系根据员工的技术状况来决定个人的薪酬等级与水平，能够吸引和留住高技能水平的员工，也有利于激发这些员工的学习积极性和潜力。对于科技型企业或专业技术要求较高的部门和岗位，这种薪酬体系具有较强的适用性。

能力薪酬体系是以员工个人能力状况为依据来确定薪酬等级与薪酬水平的。这种制度适用于企业中的中高层管理者和某些专家，他们所从事的工作往往难以用职位说明书进行清晰的描述，工作具有很强的创造性、不可预测性和非常规性，工作目标的实现更多地依赖于个人的综合能力。这里说的能力是一种抽象的、综合性的概念，在不同的组织会具体体现为领导力、组织协调能力、控制能力、决策能力等各种具体能力特征的组合，因而在实际工作中，要设计和建立比较完整的能力薪酬体系是比较困难的。

（3）绩效薪酬体系

绩效薪酬体系将员工个人或者团体的工作绩效与薪酬联系起来，根据绩效水平确定薪酬结构和薪酬水平。员工工作绩效主要体现为完成工作的数量和质量，所产生的收益以及对企业的贡献。在绩效薪酬体系下，企业需要建立一套客观、公正的绩效考核体系。因此，这种薪酬体系主要适用于工作程序性、规则性较强，绩效容易量化的岗位或团队，以便能够清楚地将绩效与薪酬挂钩。目前，绩效薪酬体系多以个人绩效为基础，这种模式操作简便，有利于促进个人工作积极性的提高。企业也可以团队为基础建立绩效薪酬模式，这种做法既体现了组织发展的趋势和要求，又有利于强化组织内部的沟通与合作。

上述三种类型的薪酬体系各有利弊。在进行薪酬体系的选择与设计时，主要看这种薪酬体系能否与企业的内外环境相适应，能否有利于激发员工的工作热情，能否提高企业的竞争力，能否有助于企业战略目标的实现。对于规模庞大且构成复杂的企业，在进行薪酬体系设计时，可同时采用多种薪酬体系。

3. 薪酬体系设计

（1）岗位薪酬体系设计

岗位薪酬体系根据每个岗位的相对价值来确定薪酬等级，通过市场薪酬水平调查来确定每个等级的薪酬幅度。这种薪酬体系的基本思想是：不同的岗位有不同的相对价值，相对价值越高的岗位对企业的贡献就越大，因而就应该获得较高的报酬。实行岗位薪酬体系的企业要求岗位说明书清楚明晰、组织环境稳定、工作对象比较固定。设计岗位薪酬体系的关键在于科学合理地确定能够反映岗位相对价值的因素、指标和权重，并对每个岗位所包含的价值进行客观评价。

岗位薪酬体系以岗位评价为基础，其优点非常明显，不仅容易实现同岗同薪，凸显公平性，也便于按岗位进行系统管理，管理成本较低。当然，这种岗位薪酬体系也为员工的发展规划出一条清晰的路线，从一定意义上来讲，也有助于员工的发展。但是，这种过于清晰的、单一化的晋升路线却忽略了员工的个性特征，所以，也容易错误地引导员工盲目地追求岗位的晋升，从而影响员工个人的职业生涯发展。特别是那些技术类的员工，一旦达到一定的岗位，就再也没有上升的空间。这种薪酬体系的不足还表现为另外两个方面：一是岗位薪酬体系直接与岗位挂钩，忽视同一岗位可能存在的绩效差异，可能会挫伤许多员工的工作热情和积极性；二是岗位薪酬体系属于高稳定薪酬模式，这种模式虽然可使员工获得比较强的安全感，但缺乏对员工的有效激励，还在一定程度上加剧了组织缺乏灵活性和弹性的现象。

岗位薪酬与组织结构、岗位设置、岗位特征密切相关，实质上是一种等级薪酬。岗位薪酬体系首先要对每个岗位所要求的知识、技能以及职责等因素的价值进行评估，根据评估结果将岗位分成不同的薪酬等级，每个薪酬等级包含若干个综合价值相近的岗位，再经过市场薪酬调查来确定适合本企业的薪酬水平，按职位的权重对应不同的薪酬等级，从而形成"薪酬金字塔"。

（2）技能薪酬体系设计

技能薪酬体系以员工所掌握的与职位相关的知识和技术的深度与广度为依据来确定薪酬等级和薪酬水平。要采用技能薪酬体系，企业必须首先建立一套技能水平评估标准，员工薪酬随着技能等级的变化而变化。技能薪酬本质上是一种激励薪酬，能够刺激员工不断扩展知识、技能的深度和广度，最终有利于企业绩效的提高。随着员工知识、技能的深化和扩展，其工作面也将变得开阔，每人都能成为多面手，岗位调动比较容易。但是，盲目地参加培训和学习深造会增加人力资源提升的成本，也容易造成人才、知识的浪费。技能薪酬体系的设计程序如同岗位薪酬体系的设计过程，只不过它是以技能为分析、评价对象，结果是得出对应不同薪酬水平的技能等级。

技能分析是对某个工作所需技能信息进行收集和分析，技能评估就是获得不同技能相对价值的过程。技能评估以技能分析为基础，因此，技能分析的内容决定着技能评估的合理性、真实性，也决定着技能薪酬体系运作的有效性。对技能的分析要能体现不同薪酬等级所要求具备的技能的种类、数量和质量。技能分析的基本内容包括技能单元和技能模块。

①技能单元

技能单元是技能分析的基本元素，是最小的分析单元，是对特定工作的具体说明。技能单元的描述和职位描述相一致，比如"将螺帽紧扣在螺钉上"是对工作任务的描述，它的技能描述就是"具备使用扳手拧紧螺钉的能力"。对工作任务的描述是技能分析的第一步，它是指从事某项具体工作任务所需要的技术或者知识。

②技能模块

技能模块是指从事某项具体工作任务所需要的技术或知识。技能模块的本质是对技能单元进行分组，比如"拧螺钉"是一种技能，它可以被划分到"维修机器"这一技能模块中。技能模块是技能薪酬设计的基础，是区别于岗位薪酬的显著特征。技能模块的形式决定了技能薪酬的不同类型，包括技能等级模块和技能组合模块两种。

（七）制定薪酬制度

薪酬体系设计完成之后必须制度化、标准化，成为企业薪酬制度，通过实施薪酬制度才能实现薪酬的战略及目标。在正式实施之前，企业要对将要实施的薪酬结构和水平进行必要的宣传，并且注重和员工特别是中层人员进行有效沟通，以广泛征求意见，为薪酬制度的实施做好充分的准备。

企业薪酬制度设计是企业薪酬管理的一项重要任务。不同的企业薪酬制度有不同的适用对象和范围，关键是要选择与企业总体发展战略以及实际情况相适应的薪酬制度。

第六章　职业生涯与员工关系管理

第一节　职业生涯管理

一、职业生涯管理的含义

（一）职业

职业一般是指人们在社会生活中所从事的以获得物质报酬作为自己主要生活来源并能满足自己精神需求的、在社会分工中具有专门技能的工作。它是人类文明进步、经济发展以及社会劳动分工的结果。同时，职业也是社会与个人或组织与个体的结合点，这个结合点的动态相关形成了人类社会共同生活的基本结构，也就是说，个人是职业的主体，但个人的职业活动又必须在一定的组织中进行。组织的目标靠个体通过职业活动来实现，个体则通过职业活动对组织的存在和发展做出贡献，因此，职业活动对员工个人和组织都具有重要的意义。

从个人的角度讲，职业活动几乎贯穿人一生。人们在生命的早期阶段接受教育与培训，是为职业做准备。从青年时期进入职业世界到老年退离工作岗位，职业生涯长达几十年；即使退休以后，仍然与职业活动有着密切的联系。职业不仅是谋生的手段，也是个人存在意义和价值的证明。选择一个合适的职业，度过一个成功的职业生涯，是每一个人的追求和向往。对于组织来说，不同的工作岗位要求具有不同能力、素质的人担任，把合适的人放在合适的位置上，是人力资源管理的重要职责。只有使员工选择了适合自己的职业并获得职业上的成功，真正做到人尽其才、才尽其用，组织才能兴旺发达。

（二）职业生涯

一个人也许会选择一种职业后终身从事，也许会一生中转换几种职业。不论怎样，一旦开始进入职业角色，他的职业生涯就开始了，并且随时间的流逝而延续。职业生涯就是这样一个动态过程，它指一个人一生在职业岗位上所度过的、与工作活动相关的连续经历，并不包含在职业上成功与失败或进步快与慢的含义，也就是说，不论职位高低，不论成功与否，每个工作着的人都有自己的职业生涯。职业生涯不仅表示职业工作时间的长短，而且内含着职业发展、变更的经历和过程，包括从事何种职业工作、职业发展的阶段、由一种职业向另一种职业的转换等具体内容。

职业生涯是一种复杂的现象，由行为和态度两方面组成。要充分了解一个人的职业生涯，必须从主观和客观两个方面进行考察。表示一个人职业生涯的主观内在特征是价值观念、态度、需要、动机、气质、能力、性格等，表示一个人职业生涯的客观外在特征是职业活动中的各种工作行为。一个人的职业生涯受各方面的影响，如本人对自己职业生涯的设想与计划，家庭中父母的意见、配偶的理解与支持，组织的需要与人事计划，社会环境的变化等。

（三）职业生涯管理

职业生涯管理主要是指对职业生涯的设计与开发。虽然职业生涯是指个体的工作行为经历，但职业生涯管理可以从个人和组织两个不同的角度来进行。

从个人的角度讲，职业生涯管理就是一个人对自己所要从事的职业、要去的工作组织、在职业发展上要达到的高度等做出规划和设计，并为实现自己的职业目标而积累知识、开发技能的过程。它一般通过选择职业，选择组织（工作组织），选择工作岗位，在工作中提高技能发挥才干、晋升职位等来实现。任何一个具体的职业岗位，都要求从事这一职业的个人具备特定的条件，如教育程度、专业知识与技能水平、体质状况、个人气质及思想品质等。因此，人们越来越重视职业生涯的管理，越来越看重自己的职业发展机会。

职业生涯是个人生命运行的空间，但又和组织有着必然的内在联系。一个人的职业生涯设计得再好，如果不进入特定的组织，就没有职业位置，就没有工作场所，职业生涯就无从谈起。组织是个人职业生涯得以存在和发展的载体，同样，组织的存在和发展依赖于个人的职业工作，依赖于个人的职业开发与发展。所以，员工的职业发展就不仅是其个人的行为，也是组织的职责。事实上，筛选、培训、绩效考评等诸如此类的人力资源管理活动在组织中可以扮演两种角色。首先，从传统意义上讲，人力资源管理的重要作用在于为组织找到合适的人选，即用能够达到既定兴趣、能力和技术等方面要求的员工来填补工作岗位的空缺。然而人力资源管理活动还越来越多地在扮演另外一种角色，这就是确保员工的长期兴趣受到企业的保护，其作用尤其表现在鼓励员工不断成长，使他们能够发挥出全部潜能。人力资源管理的一个基本假设就是企业有义务最大限度地利用员工的能力，为每一位员工提供一个不断成长以及挖掘个人最大潜力和建立职业成功的机会。这种趋势得到强化的一个信号，是许多组织越来越多地强调重视职业规划和职业发展。换言之，许多组织越来越多地强调为员工提供帮助和机会，以使他们不仅能够形成较为现实的职业目标，而且能够实现这一目标。

从组织的角度对员工的职业生涯进行管理，集中表现为帮助员工制定职业生涯规划，建立各种适合员工发展的职业通道，针对员工职业发展的需求进行适时培训，给予员工必要的职业指导，以促使员工职业生涯的成功。

二、职业生涯发展阶段

职业生涯的发展常常伴随着年龄的增长而变化，尽管每个人从事的具体职业各不相同，但在相同的年龄阶段往往表现出大致相同的职业特征、职业需求和职业发展任务，据此可以将一个人的职业生涯划分为不同的阶段，要对职业生涯进行有效的管理，就有必要了解这一点。

美国著名人力资源管理专家加里·德斯勒在其代表作《人力资源管理》一书中，综合其他专家的研究成果，将职业生涯划分为五个阶段。

（一）成长阶段（从出生到 14 岁）

在这一阶段，个人通过对家庭成员、朋友、老师的认同以及与他们之间的相互作用，逐渐建立起了关于自我的概念，并形成了对自己的兴趣和能力的基本看法。到这一阶段结束的时候，进入青春期的青少年就开始对各种可选择的职业进行某种带有现实性的思考。

（二）探索阶段（15 岁到 24 岁）

在这一时期，个人将认真地探索各种可能的职业选择。人们试图将自己的职业选择与自己对职业的了解以及通过学校教育、休闲活动和业余工作等途径所获得的个人兴趣和能力匹配起来。在这一阶段开始的时候，人们往往做出一些带有实验性质的较为宽泛的职业选择。随着个人对所选择的职业以及自我的进一步了解，人们的这种最初选择往往会被重新界定。到这一阶段结束的时候，一个看上去比较恰当的职业就已经被选定，人们也已经做好了开始工作的准备。人们在这一阶段需要完成的最重要任务就是对自己的能力和天资形成一种现实性的评价，并尽可能地了解各种职业信息。

（三）确立阶段（25岁到44岁）

这是大多数人职业生涯中的核心部分。人们通常希望在这一阶段的早期找到合适的职业，并随之全力以赴地投入有助于自己在此职业中取得永久发展的各项活动中。然而，在大多数情况下，在这一阶段人们仍然在不断地尝试与自己最初的职业选择所不同的各种能力和理想。

确立阶段本身又由三个子阶段构成。第一，尝试阶段（25岁到30岁）。在这一阶段，个人确定当前所选择的职业是否适合自己，如果不适合，就会更改自己的选择。第二，稳定阶段（31岁到40岁）。在这一阶段，人们往往已经定下了较为坚定的职业目标，并制订较为明确的职业计划，以确定自己晋升的潜力、工作调换的必要性以及为实现这些目标需要开展的学习活动等。第三，危机阶段（在30多岁到40多岁的某个阶段，人们可能会进入职业中期危机阶段）。在这一阶段，人们往往会根据自己最初的理想和目标对自己的职业进步状况进行一次重要的重新评价。人们有可能发现自己并没有朝着自己所梦想的目标靠近，或者已经完成了预定的任务后才发现，自己过去的梦想并不是自己所想要的全部东西。在这一时期，人们还有可能会思考工作和职业在自己的全部生活中到底占多大的重要性。在通常情况下，处在这一阶段的人们不得不面对一个艰难的抉择，即判定自己到底需要什么，什么目标是可以达到的，以及为了达到这一目标自己需要牺牲多少。

（四）维持阶段（45岁到65岁）

在这一阶段，人们一般都已经在自己的工作领域中有了一席之地，因而把大多数精力放在保有这一位置上。

（五）下降阶段

当临近退休的时候，人们不得不面对职业生涯中的下降阶段。在这一阶段，许多人不得不面临这样一种前景，接受权力和责任减少的现实，学会接受一种新角色，学会成为年轻人的良师益友。接下去，就是几乎每个人都不可避免地要面对的退休，这时人们所面临的选择就是如何去打发原来用在工作上的时间。

对职业生涯进行阶段划分的意义在于，在不同的生命阶段有不同的职业任务，面临不同的职业问题，应该进行有针对性的职业生涯管理。

三、职业生涯管理中组织的任务

个人职业生涯管理的成功，不仅需要员工个人的努力，而且需要组织的配合。在我国，职业生涯的开发与管理还是一个新的课题，但已引起许多有远见的企业的高度重视，他们已经开始实施员工职业生涯管理方案，并取得显著效果。如，博福－益普生（天津）制药公司本着"对外致力于社会贡献，对内致力于人的发展"的经营理念，把员工职业生涯开发与管理提高到战略高度加以实施。他们把职业生涯管理视为综合动态的管理过程，以企业员工的心理开发、生理开发、智力开发、技能开发、伦理开发等人的潜能开发为基础，以工作内容的确定和变化、工作业绩的评定、工资待遇和职称职务的变动为标志，以满足需求为目标，从而为企业的发展增添了新的动力。西门子（中国）有限公司十分注重员工的成长与发展，鼓励员工设定自己的职业发展轨迹，工作一段时间后表现出色的就会得到提升，即使本部门没有空缺，也会被安排到其他部门，保证员工有充分施展才华的机会。对那些一时不能胜任工作的员工，在尽可能的情况下为他们换一个岗位，让他们进行新的尝试，许多时候，不称职的员工通过调整找到了自己的位置，干得和别人一样出色了。朗讯科技（中国）有限公司明确推出了以下员工职业生涯规划：当一名新员工进入公司后，部门经理要与其进行一次深入的长谈，询问来到本公司后，对个人发展的打算，一年之内要达到的目标，三年之内要达到的目标；为了实现目标，除个人努力外，需要公司提供的帮助。通过谈话，促使员工制定个人职业生涯规划，这已成为一项滚动发展制度，每到年末，部门经理都要和员工一起对照上一年的规划进行检查，制定下一年的规划。职业生涯规划不仅为员工架起了成长的阶梯，而且使公司的发展获得了永不衰竭的动力。总结成功企业的经验，结合有关职业生涯发展的理论，从组织角度进行的职业生涯管理，应该找出不同职业生涯期的管理重点。

（一）招聘时期的职业生涯管理

员工的职业生涯管理是一个长期动态的过程，从招聘新员工起就应该开始。招聘的过程实际上是应聘者和组织相互了解的过程。组织职位出现空缺时，有的愿意从应届大学生中招聘，有的则愿意接受有工作经验的候选人。大学生初出校门，缺乏对组织和职业的了解，往往有许多不切实际的幻想，即使是有工作经验的应聘者对未来的工作组织也不够了解。在这一阶段，组织急于网罗高素质的人才，应聘者急于将自己优秀的一面展示给组织，双方往往都会发出不真实的信息，其结果是组织对应聘者的职业目标形不成较为真实的印象，而应聘者对组织形成了一种较好的但也许是不现实的印象。这对员工刚开始的职业生涯是不利的，一方面组织不能真正地了解应聘者，很难做出人尽其才的职业安排，另一方面当新员工发现组织与其想象的差距较大时，就会萌生离意。因此，组织在招聘时，要提供较为现实的企业与未来工作的展望，要将组织的基本理念和文化观念传达给应聘者，以使他们尽可能真实地了解组织。另外要尽可能全面地了解候选人，了解他们的能力倾向、个性特征、身体素质、受教育水平和工作经历，以为空缺岗位配备合格的人选，并为新员工未来的职业发展奠定一个好的开端。

（二）进入组织初期的职业生涯管理

这大致相当于职业生涯确立阶段的尝试子阶段。在一个人的职业生涯中，没有哪个阶段能像初次进入组织时一样需要组织考虑职业发展情况，正是在这一阶段，员工被招募、雇用并第一次被分配工作和认识上级。在这一阶段上，员工必须建立自信，必须学会与上级和同事们相处，必须学会接受责任，然而最重要的莫过于对自己的才能、需要以及价值观是否与最初的职业目标相吻合进行审视和判断。对于新员工来说，这是一个现实测试时期，他的最初期望和目标第一次面对组织生活的现实，并且第一次与自己的能力和需要面对面碰在一起，对于许多第一次参加工作的人来说，这可能是一个比较痛苦的时期，因为他们第一次面对现实的冲击。

在这一时期，组织职业生涯管理的主要任务如下：（1）了解员工的职业兴趣、职业技能，然后把他们放到最适合的职业轨道上。这种做法是运用人事功能来帮助员工实现个人成长和自我发展需要的途径之一。（2）进行岗前培训，引导新员工。主要是向新员工介绍组织的基本情况，历史和现状，宗旨、任务和目标，有关的制度、政策和规定，工作职责和劳动纪律，组织文化等，目的是引导员工熟悉环境，减少焦虑感，增加归属感和认同感。（3）挑选和培训新员工的主管。新员工的第一任主管是其进入组织后的直接领导、第一个老师，主管的言行、态度、工作风格对新员工的职业生涯影响极大。主管应成为新员工的良师益友。相关的研究表明，在新员工与其上级之间往往存在一种"皮格马利翁效应"。（4）分配给新员工第一项工作，对其工作表现和潜能进行考察和测试，并及时给予初期绩效反馈，使他们了解自己工作的结果，以消除紧张和不安，帮助其学会如何工作。在这里特别值得一提的是，大多数专家认为，组织为新员工提供的初期工作应是具有挑战性的。（5）协助员工进行自己的职业规划。比如，有些企业尝试开展职业生涯方面的培训，使员工意识到对自己的职业加以规划以及改善职业决策的必要性，学到职业规划的基本知识和方法。

（三）中、后期的职业生涯管理

中期大致相当于职业生涯确立阶段的稳定子阶段和危机子阶段。职业生涯中期是一个时间长、变化多，既有事业成功，又可能引发职业危机的敏感时期，这一时期的年龄跨度一般是从 30 岁到 45 岁，甚至到 50 岁。这一时期不仅家庭责任重大，需要成家立业、生儿育女、赡养父母，同时职业任务繁重，要求工作上独当一面。一般而言，进入这一年龄段的员工大都去掉了 20 多岁时不切实际的幻想，通过重新审视和评估自我，有了明确的职业目标，确定了自己对企业的长期贡献区，积累了丰富的职业工作经验，逐步走向职业发展的顶峰。人到中年，一方面年富力强，自我发展的需要仍很强烈；另一方面会意识到职业机会随年龄增长越来越受限制，从而产生职业危机感。总之，这是一个充满矛盾的复杂阶段，尤其需要组织加强职业生涯的管理。

古人云："三十而立。"这一时期的员工十分重视个人职业上的成长和发展。在这一时期的职业生涯管理中，组织要保证员工合理的职位轮换和晋升。所谓职位轮换，是指把一个人安排到另一个工作岗位上，其所承担的义务、责任、职位和报酬都与前一个工作差不多。但职位轮换可以使员工学到新知识和新技能，为今后的晋升和发展奠定基础。晋升是在组织中被指定做更高一级的工作，通常，新的工作在薪资和地位上有所提高，并要求有更多的技能或承担更多的责任。晋升能够使组织更有效地利用员工的技能和知识，而且也可以将得到晋升的机会看作对员工的内在激励。因此，组织管理的一项重要工作就是为员工设置合理畅通的职业发展通道。职业发展通道是组织中职业晋升的路线，是员工实现职业理想和获得满意工作，达到职业生涯目标的路径。组织中的职业发展通道不应是单一的，而应是多重的，以便使不同类型的员工都能找到适合自己的职业发展路径。

四、组织职业生涯规划的操作

（一）组织职业生涯规划的目标

1. 员工的组织化

（1）基本目标——组织人

一般来说，员工的组织化即员工在一个组织中完成其社会化、成为合格员工的过程。人力资源管理学者对于个人初入单位的被接纳与塑造成合格员工的过程（即组织化过程），给予了高度重视。在这一过程中，个人要实现对职业岗位的适应、组织文化的适应和职业心理的转换，组织则要把没有职业阅历或者有其他单位职业经历的新招聘人员，塑造成基本符合本单位需要的员工，即在本组织中被认同，能够完成组织工作，具有与老成员类似特征的人。

（2）有价值的文化人

发达国家先提出"机器人""经济人"的理念，后发展为承认人的社会性、满足员工的成就感、提升要求等，使员工成为服从组织的"社会人"。20世纪90年代进一步发展为承认人的教育和文化背景、承认人的不同观点和思考方式，即把员工看作有价值的"文化人"。

（3）合理自利的企业人

组织中的人是"企业人"，具有"有限工作欲望假设""有限理性假设"和"合理自利假设"，"将企业目标、社会规范内化到员工的价值体系中，引导员工自觉地在合理的范围内去追求其自身利益，从而使个人利益与企业目标达到和谐统一的很高境界"。

（4）完成社会化的全面人

个人进入组织的职业方面是"学会工作、担任好角色、译解组织文化、融入组织"的特定社会化过程，可以把工作人看作"全面人"，这样，组织对员工的职业生涯以至于其他个人生活问题也应当给予关心。

2. 协调组织与员工的关系

任何组织，都是由从上到下各层级的一个个员工所组成的，组织与员工之间的协调至关重要。协调组织和员工的关系，一般来说即是承认员工个人的利益和目标，这能使员工的个人能力和潜能得到较大的发挥，使他们努力为组织完成生产经营任务，达到"双赢"的目标。

3. 为员工提供发展机会

人力资源是一种能动性的资源，发挥其能力与潜能至关重要。通过职业生涯规划，组织更加了解员工的能力，从而恰当地使用这一资源。尊重人、尊重员工，也是现代管理的理念。在组织正常发展的情况下，实行职业生涯规划和管理措施，尽量考虑员工的个人意愿，为员工提供发展机会，也是组织发挥员工主动精神的重要手段。

4. 促进组织事业的发展

实行职业生涯规划，还有利于大大提高员工的综合素质，进而提高组织的效益和对外部变化的应变能力，从根本上说，就是促进了组织事业的发展。要做到这一点，必须靠组织之中各方面人员的努力。

（1）好的领导者

要以领导者的真知灼见规划组织的未来，并制定方案去实现。同时，实行职业生涯规划，也有利于从现有组织成员中选拔出优秀的领导者。

（2）各层次的管理者

通过职业生涯规划，各层次的管理者有了明晰的升迁渠道、路径，也有了较多的培训和其他个人能力发展机会，因而他们会以非常负责任的态度和创造性的精神去从事管理活动，解决各种问题，这有利于保证组织工作的有效运行。

（3）每一个员工的团结协作

对广大员工开展职业生涯规划与管理，有利于一般员工主人翁精神的形成，有利于他们执行组织决策，积极工作，自觉为组织的目标努力。

（二）职业生涯发展渠道的提供

为员工提供职业生涯发展渠道，是组织的重要责任。一般来说，组织在为员工提供职业生涯发展渠道方面时，需要注意以下几个方面。

1. 组织的前途

员工的职业发展远景是基于组织的前途的。可持续发展，尤其是近期能够快速成长的单位，能够给员工提供较多的发展机会，"短命公司"则不可能有所作为。为此，组织、决策者和广大员工要非常紧密地团结和努力，解决好组织的发展和壮大问题，从而使"职位"和机会大大增加。

2. 职业路径的明晰

组织要全面展示自己的机构、职业阶梯、任职条件、竞争情况和成长概率，使每一个员工都清楚地了解本组织的职业生涯路径。在有条件的情况下，还应当帮助每个员工进行个性化的职业生涯发展设计。

3. 工作与职业的弹性化

职业生涯规划的目的之一，是促进员工的全面发展。为此，组织要积极推动工作再设计，采取多通道的职业生涯管理，且一定程度上打通各通道，使员工的职业生涯发展有更多的选择余地

（三）日常的职业生涯工作

1. 招聘与职业生涯规划

在一个组织中进行职业生涯管理，对于选拔合格分子是极为重要的。为此，用人单位在招聘方面，要对组织政策进行调整，这包括两个主要方面：其一，在招聘过程中，突出对应聘者价值观、人性和潜力的选择，要选拔具有"自我实现人"特征和与组织文化、价值观相同的求职者；其二，生涯导向的招聘对象，定位在"初级岗位补充空缺"。因为组织的中高级岗位基本上留给员工发展之用。

2. 职务调配与职业生涯规划

晋升和调配，是人力资源管理中的经常性工作，这些工作涉及员工的个人前途与发

展，因而应当在职业生涯规划与管理中给予高度关注。传统的人事管理，以组织需要为出发点对员工进行调配，很少考虑员工。在现代人力资源管理中，员工工作岗位的调配应当是具有职业生涯导向的，它强调根据员工的职业生涯发展需要进行。

3. 培训与职业生涯规划

培训工作是组织人力资源管理的重要内容。在组织从事职业生涯规划与管理的情况下，培训工作不仅目标明确、具体，而且很容易和员工的需求相结合，从而取得较好的培训效果。在该方面应当注意的是，培训要有超前意识，并要与职业生涯规划有机结合。

4. 绩效考评与职业生涯规划

人力资源管理中的绩效考评，主要目的在于帮助员工寻找绩效方面的问题及其原因，进而采取改进绩效的行动。在推行职业生涯规划的情况下，绩效考评既可以帮助员工改进绩效，达到修正职业生涯发展偏差的作用，也是修改或调整职业生涯计划的重要依据。（1）职业生涯是指个体的工作行为经历，但职业生涯管理可以从个人和组织两个不同的角度来进行。从个人的角度讲，职业生涯管理是一个人对自己所要从事的职业、要去的工作组织、在职业发展上要达到的高度等做出规划和设计，并为实现自己的职业目标而积累知识、开发技能的过程。它一般通过选择职业，选择组织（工作组织），选择工作岗位，在工作中提高技能、发挥才干、晋升职位等来实现。（2）从组织的角度对员工的职业生涯进行管理，集中表现为帮助员工制定职业生涯规划，建立各种适合员工发展的职业通道，针对员工职业发展的需求进行适时培训，给予员工必要的职业指导，以促使员工职业生涯的成功。（3）劳动合同就是员工与组织确立劳动关系、明确双方权利和义务的协议，是组织和员工之间确立劳动关系的法律凭证。劳动合同的内容是指劳动合同中约定的事项，主要是劳动关系当事人双方（即员工和组织）各自的权利、义务、责任。

第二节　员工关系管理

一、员工关系管理的内容

员工关系是指组织中由于雇佣行为而产生的关系，员工关系管理则是针对管理者、员工和团体之间产生的，由双方利益引起的，并受经济、技术、政策、法律制度和社会文化背景影响的合作、冲突、力量和权利等关系的管理。员工关系贯穿于企业管理的方方面面，员工关系管理的内容包括以下部分。对员工关系管理进行分析时，管理内容可以细分为劳动关系管理、人员流动管理、员工奖惩管理、内外情报管理、冲突管理、危机管理、沟通管理、社团管理、健康管理、员工申诉管理、企业文化建设、员工激励管理等。从管理职责来看，员工关系管理可以分成九个方面：劳动关系管理、员工纪律管理、员工人际关系管理、企业沟通管理、员工绩效管理、员工心理管理、企业文化建设、员工关系管理培训、服务与支持。

（一）劳动关系管理

劳动关系是指劳动力所有者（劳动者）与劳动力使用者（用人单位）之间，为实现劳动过程而发生的一方有偿提供劳动力，由另一方用于同其生产资料相结合的社会经济关系。这种雇佣关系的正常运转需要一定的外在保障力量，否则，恶劣的劳动关系会造成企业和社会的损失。企业劳动关系管理包括员工上岗、离岗面谈及手续的办理、定额定员的管理等日常管理以及劳动争议、人事纠纷和意外事件的处理等。

（二）员工纪律管理

无规矩不成方圆，企业的正常运作也离不开企业的规章制度、劳动纪律等。员工纪律管理是指引导员工遵守组织的各项规章制度和劳动纪律，维持组织内部良好的秩序，并且凭借奖励和惩罚等措施纠正、塑造员工的工作行为，提高员工的组织纪律性，同时员工可以通过书面或者口头的形式对组织或者企业的有关规定提出建议。员工纪律管理在某种程度上对员工行为起约束作用，同时也有利于不断完善企业的管理方针，使其在动态发展中渐趋成熟。

（三）员工人际关系管理

员工人际关系管理是指引导员工建立较好的工作关系，创建有利于员工建立良好人际关系的环境。在市场经济体制下，社会环境不断变化，不确定性增强，管理者和员工都面临着更多的工作压力、更大的工作量、更长的工作时间，员工与企业之间的雇佣关系变得越来越不稳定，企业员工流动性增强；同时，社会的快速发展与全球化使员工与管理者个性及思想观念更具多样化。因此，员工之间的沟通与冲突管理难度更大，企业员工人际关系的处理比以前更复杂，在复杂多变的管理环境中进行有效的员工人际关系管理显得尤为重要。

（四）企业沟通管理

保证企业沟通渠道的畅通，引导企业上下及时进行双向沟通，有利于消除管理者和员工之间的误会和分歧，有利于形成良好的工作氛围。企业沟通管理以心理契约理论为指导，包含员工的参与管理。心理契约是员工关系管理的核心内容，是组织承诺的基础，以员工满意度为目标影响着员工的组织行为。基于心理契约的员工参与是实现企业沟通的良好途径。员工参与使其角色发生改变，使其主人翁意识和积极性不断增强，且员工参与某些政策的制定使其更能理解制度的作用和管理者的工作，从而有利于实现企业的和谐发展。

（五）员工绩效管理

绩效管理是指各级管理者和员工为了达到组织目标共同而参与的绩效计划制订、绩效辅导沟通、绩效考核评价、绩效结果应用、绩效目标提升的持续循环过程。绩效管理的目的是持续提升个人、部门和组织的绩效。绩效考核是员工关系管理的重要内容之一，其与薪酬、晋升等相联系，是影响员工关系的敏感因素。制定科学的考评标准和体系，执行合理的考评程序，既能真实反映员工的工作成绩，又能促进员工工作积极性的发挥。在员工绩效管理中，保持和谐的员工关系需要注意引导员工正确认识绩效考核，消除其恐惧感和抵触感；在制定考核指标时应尽可能量化，保持公平、公正、公开；注重考评过程的公正性和客观性；完善考评反馈机制，及时处理考评中出现的各种问题。

（六）员工心理管理

随着我国经济社会的不断发展和行业改革的不断深入，企业员工面临着更多物质和精神上的考验，员工心理也随之发生诸多变化。逆反、抵触、失衡、随便和狭隘思想是当前存在于员工中的比较普遍的问题，员工心理问题是员工关系的一个重要影响因素。员工关系管理需要时刻掌握员工心态的变化，在企业内进行满意度调查，预防并处理各种谣言和员工怠工现象，解决员工关心的问题。

（七）企业文化建设

企业文化是伴随企业发展形成的企业氛围，是企业发展的"软实力"，也是企业竞争力的重要表现。企业文化建设是指企业文化相关理念的形成、塑造、传播等过程，是企业的一个重要组成部分。企业文化如同社会道德一样对企业员工具有内在约束作用，良好的企业文化能够增强企业的凝聚力、向心力，激励员工树立开拓创新、建功立业的斗志，促进企业经济效益的提升。企业管理者需要重视企业文化的建设，塑造积极有效、健康向上的企业文化，引导员工树立正确的价值观，维护企业的良好形象。

（八）员工关系管理培训

员工关系管理培训是指组织员工进行人际交往、沟通技巧等方面的系统培训。在企业培训中，一方面，培训机制仍不健全，培训的随意性大，缺乏明确的培训目标，缺少专业的培训指导教材、培训讲师，对培训教师的授课内容缺乏必要的监督和检查，培训方式简单粗暴，培训成果转化不明显；另一方面，培训的作用没有得到企业管理者的高度认可，有时只是应对上级检查，同时人才流动的频繁性使得管理者担心培训成本得不到合理的回报。建立健全完善的培训机制对于员工关系管理具有重要作用。

（九）服务与支持

员工关系管理包括对员工提供服务和支持，即为员工提供有关国家法律、法规、公司政策、个人身心方面的咨询服务，协助员工平衡工作与生活。对员工提供相关的服务和支持，帮助员工解决工作和生活中的难题，有助于发展和谐的员工关系，传递互帮互助的正能量，形成良好的企业工作氛围，留住优秀人才。

二、员工关系管理的内部沟通

员工关系管理的内部沟通是指在企业中，管理者和员工之间就企业信息所进行的传递和反馈的过程。沟通是为了更好地实现组织目标，良好的内部沟通能够使企业内信息畅通，有助于消除管理者和员工之间的矛盾，提高企业管理的效率，构建和谐的企业文化。

（一）心理契约

心理契约和劳动合同是员工关系的两种基本契约。关于心理契约的发展，美国著名的组织行为学家阿吉里斯在其《理解组织行为》一书中使用"心理工作契约"来描述一个工厂中雇员和雇主之间的关系，书中强调了在组织和员工的相互关系中，除了正式的经济契约规定的内容外，还存在着隐含的、非正式的相互理解和预期。

与劳动合同这一经济契约不同，心理契约是员工和企业对雇佣关系中彼此的权利义务关系的一种主观心理契约，是非书面化的约束企业和员工的规范，心理契约的破裂会产生许多负面影响。心理契约因人而异，是员工关系管理的核心，是影响企业和员工态度和行为的重要因素。

1. 心理契约与员工行为

心理契约影响企业员工的行为，员工行为包括角色内行为和角色外行为（组织公民行为）。国内外学者经过研究认为，根据社会交换理论，心理契约的履行会提升员工绩效，反之，员工绩效则下降。角色内行为是指在角色概念、角色期望的基础上，实现自己所扮演的角色的行为，即角色实现。当员工感知到心理契约履行时，就会在与企业的互惠关系中更加努力工作，创造相应的产品，提升企业生产力，从而对员工的绩效产生正面影响。角色外行为是指除去雇佣契约中规定员工必须去做的角色内行为的一类行为，其有利于提高组织绩效，但是在组织的奖励机制中不一定能得到明确体现和认可。心理契约的破裂或违背会给员工造成不公平的感知，员工为了平衡这种感知首先会减少组织公民行为来恢复平衡感。

2. 心理契约与组织承诺

组织承诺是员工对组织的一种肯定性态度或心理倾向，组织承诺的形成，意味着员工在心理上与组织形成了一种固定的联结。对于组织承诺的内涵，目前大家比较认同的是梅耶和艾伦提出的三因素模型，即组织承诺实际上包含三个维度。一是情感承诺，指员工对组织的心理依附，员工对组织忠诚是因为他们愿意这样做。二是持续承诺，指由于离职会带来损失，员工对组织忠诚是因为他们不得不这样做。三是规范承诺，指员工有一种义务感和责任感，员工对组织忠诚是因为他们感到应该这样做。由此可见，情感承诺是组织承诺的重要组成部分，而心理契约属于组织承诺的范畴。

（二）有效沟通管理

企业内部的沟通即指企业内部信息的传递过程，企业内部沟通影响企业的各个部门和各个环节，具有重大意义。建立完善的企业内部沟通体系，可以有效体现员工参与，有利于提高员工的士气和组织决策的正确性，减少组织冲突，实现组织目标，从而为企业创造良好的内部工作环境，更好地实现企业的战略目标。

1. 企业内部沟通的形式

管理沟通是一个由信息发送者、编码过程、信息与通道、解码过程、信息接收者、噪声、反馈七个要素构成的循环系统。信息发送者通过对沟通信息进行编码，选择适当的沟通渠道将编码结果向信息接收者发送，接收者在对信息进行解码后，形成自己的理解，再将信息接收后的结果反馈给信息发送者。人与人之间，由于心理因素，对信息过滤和受阻，会造成沟通障碍。

在管理沟通的整个过程中，信息发送者以编码为前提，将沟通渠道的选择作为关键条件和必要条件，向信息接收者发送信息。在此过程中，解码直接影响到管理沟通的质量，是管理沟通的核心。信息接收者对信息的理解和反应，由反馈传递给信息发送者，只有通过反馈来检验信息接收者的理解是否达到了信息发送者的期望，才能判断出本次管理沟通是否成功。

根据管理沟通的要素和过程，结合企业管理沟通实践，管理沟通具有多种形式。

（1）按照信息的传递方向，可分为纵向沟通、平行沟通和跨部门沟通

信息的纵向沟通是指沿着组织结构等级进行的信息传递，包括自上而下沟通和自下而上沟通。自上而下沟通是组织最常使用的一种沟通方式，即上级领导根据职权向下级进行的领导、控制、授权、激励等活动，包括通知、声明、公告、信函、管理办法、报告等书面文件，口头沟通、面谈、电话指示、会议、小组讨论、演示等面对面交流，以及电邮、传真、电视电话会议、网络聊天工具、短信发送平台等电子沟通。自下而上沟通是指下属主动向上级发起信息传递的沟通过程，其目的是便于管理者听取意见、获取反馈以及建议，自下而上沟通也是员工主动参与管理的机会，包括工作汇报、意见反馈系统、员工座谈会、巡视员制度、意见箱等。信息的平行沟通是指组织内部同级别成员间的信息传递，其既可以发生在同部门同层级人员之间，也可以发生在跨部门同层级人员之间。跨部门沟通也可称为交叉沟通，是指组织内部在不同层级跨部门的沟通活动。相比来说，跨部门沟通更加难以操作，障碍更多，如对其他部门不了解，缺乏一定的沟通技巧等，会导致沟通过程中信息传递的曲解和贻误。

（2）按照沟通渠道，可分为正式沟通和非正式沟通

正式沟通是组织内部按照规章制度开展的、明确的、正式化的沟通活动，信息传递过程均按照组织正式结构进行。正式沟通一般包括书面沟通、会议沟通、正式面谈等，按照沟通的渠道或者沟通的网络图形，正式沟通主要有链形、Y形、轮形、环形、全通道形五种模式。非正式沟通是指正式沟通之外的、灵活的、非正式化的信息传递活动。非正式沟通的沟通对象、时间及内容等都未经计划且难以确定，沟通途径有很大的灵活性，一般以口头沟通方式传递信息。同正式沟通一样，非正式沟通包括单串型、饶舌型、集合型和随机型四种模式。非正式沟通是企业内信息沟通的一种必不可少的方式，信息传递快并且直接，能够及时了解正式沟通难以了解的信息，有助于形成良好的人际关系。但是非正式沟通也存在缺陷，如沟通信息难以控制，容易失真，谣言等会借助这个平台散播，甚至会导致企业内拉帮结派，影响到组织内部的团结稳定。

（3）按照沟通表现形式，可分为口头沟通、书面沟通、电子媒介沟通和非语言沟通

口头沟通是最易操作的沟通形式，其通过会议、面谈、讨论、电话和演讲等完成信息的传递。口头沟通信息传达快、能够承载的双向沟通信息量大、反馈及时、弹性大，但是口头沟通层次较多会产生信息失真的现象。书面沟通是将文字作为信息传递媒介来沟通的

方式，包括报告、呈批材料、内部刊物、管理规定、通知布告等。书面沟通成本低，不受沟通场地的限制、信息在传递过程中不会失真，权威性强，保存时间长，但是也存在沟通不灵活、缺乏反馈和情感交流等不足。电子媒介沟通是以传真、电子邮件、电视电话会议、聊天工具、OA（办公自动化）、门户网站、论坛等电子媒介来进行沟通的活动。电子媒介沟通能够承载大量信息，传递速度快且容易实现信息资源共享，但容易受到硬件水平的限制。非语言沟通是指通过表情、动作、肢体语言、语调以及物体的操纵等进行信息传递的活动。在面对面沟通交流时，有声语言仅占比35%，而动作表情语言则占比65%。但是非语言沟通的辨识度和精确性不高。

2. 有效沟通管理的策略

影响信息有效沟通的因素多种多样，根据管理沟通的过程描述，这些因素体现在影响信息发送、传递、接收等环节。具体来说，影响信息有效发送的因素包括组织语言能力不足，掌握知识的水平和内容不匹配，生活背景的差异导致沟通符号的差异，沟通主体的可信度等；影响信息有效传递的因素包括信息传递时间过长，信息传递渠道不畅通，外界存在干扰等；影响信息有效接收的因素包括信息接收者的解码存在偏差，信息过滤和梳理能力差，选择性知觉低等。

有效沟通管理就是对信息传递过程的管理，排除外在影响因素，确保信息传达的完整性、精确性和可靠性。其有效沟通策略包括信息发送者策略、信息接收者策略、信息策略沟通渠道策略和文化背景策略。

（1）信息发送者策略

信息发送者策略主要分析沟通者自身如何明确沟通目标，在目标的指引下，结合自身的社会地位、职业、知识与技能、文化素养、价值取向、意愿要求、外表形象，选择相应的沟通策略。沟通的形式有很多种，一般而言，企业内部常用链形、环形、Y形、轮形和全通路形五种较为普遍的沟通网络形式。

（2）信息接收者策略

信息发送者策略是"自我认知"和"自我控制"的问题，信息接收者策略则是"了解对方"和"激发兴趣"的问题。信息接收者要从信息发送者的角度明确四个问题：接收者是谁？他们了解什么？他们感觉如何？如何激发他们？当沟通过程真正考虑了信息接收者的需求，并实现了换位思考，使信息发送者和信息接收者对信息的理解统一，才能确保沟通达到预期的效果。

（3）信息策略

在管理沟通过程中，信息发送者和信息接收者之间的信息编码和解码直接影响到信息传递的完整性和准确性，沟通过程中对称的信息才能确保信息的有效性。根据对记忆曲线的研究，人们在信息传递的开始和结尾记忆程度最好，因而信息发送者应该将关键信息和重点信息放在开头或者结尾进行讲解和阐述，甚至可以首尾呼应，起到再次强调的作用，增强他人对信息的记忆程度。

（4）沟通渠道策略

沟通渠道的选择对信息传递也至关重要，渠道的选择即为信息传播媒介的选择，应从自我沟通以及换位思考的角度考虑，将沟通渠道的选择作为保证沟通目标实现的手段。信息沟通渠道可分为纵向沟通、平行沟通和跨部门沟通，正式沟通和非正式沟通，书面沟通、口头沟通、电子媒介沟通和非语言沟通三个类属。在沟通过程中，可以根据组织发展结构、信息发送者和信息接收者的情况以及信息的特点，选择单一的沟通渠道或者几种沟通渠道结合的方式，最终选择最能保证沟通效果的渠道，保证沟通目标的实现。

（5）文化背景策略

文化背景是指一个人的知识水平情况，以及沟通主客体之间的经历、地位、技能和经验等。文化背景是影响沟通效果的不容忽视的重要因素，同时也与信息发送者策略、信息接收者策略、信息策略以及沟通渠道策略密切相关。从信息发送者策略和信息接收者策略来看，两个主体文化背景的差异会影响到沟通者的沟通目标、沟通渠道等；由于信息接收者的文化背景中对地位、权威和组织形象的期望不同，接收者的选择也会不同；从信息策略的角度来看，文化差异将影响到信息强调的方式和信息结构的选择；沟通渠道的选择也会因为文化不同而产生差异。

三、员工关系管理的纪律管理

企业中的各种规章制度、纪律规定是为了约束企业管理者和员工的行为，实现流程化、制度化管理，以提高企业效益。员工关系管理的纪律管理是维持组织内部良好秩序的过程，也是利用奖惩措施来纠正、塑造和强化员工行为的过程。

（一）纪律管理的概念

所谓纪律管理，就是在一切共同协作的社会生产过程中，运用奖惩手段来约束员工的行为，使劳动保持秩序的过程。"约束员工的行为"包括两个层面：预防性纪律管理和矫正性纪律管理。前者聚焦于员工潜能的发挥，运用激励手段鼓励员工遵守企业的规章制度和行为准则，预防不良行为的产生；后者聚焦于呈现既定事实的最小代价，运用惩戒手段，如警告、降职、停职察看、劝退等，促使员工以后不再出现违纪甚至违法行为。

企业经营活动由从生产到销售或服务的一系列环节组成，各个环节都离不开企业的纪律管理，纪律管理对于员工提升和企业发展均具有重要意义。首先，纪律管理有利于约束企业管理者和普通员工的行为，提升管理者和普通员工的素质。对于企业管理者来说，通过纪律管理对管理者的行为进行约束，也使管理者具备了较强的决策能力、领导能力。如管理者在参与项目的过程中，制订计划需要征求所有员工的意见，然后再根据组织的实际能力来确定具体的目标；项目实施需要对项目进行跟进，以确保负责执行计划的员工能依照原定进度完成企业的经营目标，排除由于缺乏纪律导致的各种问题，同时也能理清各项具体细节，让企业各运作单位的步伐协调。对于普通员工来说，纪律管理可约束其行为，如不随便脱岗，有事请假等；可激发其工作积极性，如无故旷工会被扣发工资，使其保持出勤率等；同时，也使基层员工具备了职业化与专业能力、标准化与应变能力、专注化与细节能力。由于纪律方面的限制，员工更加注重细节，提高了忠诚度与创造能力。其次，纪律管理有利于形成良好的企业文化，促进企业发展。

（二）纪律管理的理论基础

1. X-Y 理论

X-Y 理论是探讨人性与员工行为的理论，由美国管理学家道格拉斯·麦格雷戈提出，麦格雷戈把传统管理学称为"X 理论"，他自己的管理学说称为"Y 理论"。X-Y 理论的基本观点是管理者根据一些人性假设来决定对员工的管理方式。X 理论是一种消极的学说，其基本观点为多数人天生懒惰，通过 X 理论对员工的管理与矫正性纪律管理方式类似。Y 理论与 X 理论不同，是一种积极的学说，其基本观点是一般人并不天生厌恶工作，多数人愿意对工作负责。麦格雷戈强调，必须充分肯定作为企业生产主体的人，企业职工的积极性是处于主导地位的，他们乐于工作、勇于承担责任，并且多数人具有解决问题的想象力、独创性和创造力，关键在于从管理方面如何将职工的这种潜能和积极性充分发挥出来，这也是"以人为本"管理思想的体现。通过 Y 理论对员工的管理与预防性纪律管理方式类似。

2. 激励理论

激励理论是关于如何满足人的各种需要、调动人的积极性的原则和方法的概括总结。激励的目的在于激发人的正确行为动机，调动人的积极性和创造性，以充分发挥人的智力效应，使其做出最大成绩。激励是指组织通过设计适当的外部奖酬形式和工作环境，以一定的行为规范和惩罚性措施，借助信息沟通来激发、引导、保持和规范组织成员的行为，以有效地实现组织及其成员个人目标的系统性活动。激励理论被认为是最伟大的管理原理。

在员工关系管理中，企业可以通过内容激励以及过程激励等，使员工遵守企业规章制度，提高忠诚度和归属感。内容激励的理论基础包括马斯洛的"需要层次理论"、赫茨伯格的"双因素理论"和麦克利兰的"成就需要理论"，企业可以从生理和心理、物质和非物质等方面对员工进行激励；过程激励的理论基础包括佛隆的"期望理论"和亚当斯的"公平理论"等。

3. 强化理论

强化理论是美国心理学家和行为科学家斯金纳等人提出的一种理论，也叫操作条件反射理论、行为修正理论，实际上也是一种行为后果的激励理论。斯金纳强化理论认为在操作条件作用的模式下，如果一种反应之后伴随一种强化，那么在类似环境里发生这种反应的概率就增加，而且，强化与实施强化的环境都是一种刺激，人们可以以此来控制反应。因此，管理人员就可以通过强化的手段。营造一种有利于组织目标实现的环境和氛围，以促使组织成员的行为符合组织的目标。

4. 控制点理论

美国社会学习理论家朱利安·罗特提出控制点这一概念，旨在对个体的归因差异进行说明和测量。罗特还区分了内控者和外控者两个概念，内控者认为个人生活中多数事情的结果取决于个体在做这些事情时的努力程度，所以这种人相信自己能够对事情的发展与结果进行控制；外控者认为个体生活中多数事情的结果是个人不能控制的各种外部力量造成的，他们相信社会的安排，相信命运和机遇等因素决定了自己的状况，认为个人的努力无济于事。

（三）纪律管理的策略

1. 奖惩

奖惩是管理者根据已发生的员工行为，依据企业的职工奖惩有关规定所进行的处理。对员工的奖励和惩罚必须有理有据，才能发挥奖惩在规范员工行为方面的作用。

（1）奖惩的措施

企业奖励的实施包括物质奖励和非物质奖励。物质奖励是奖金、加薪、旅游等与金钱相关的奖励方式，而非物质奖励包括晋升、培训深造、表彰等。奖励措施体现的是企业对员工忠诚度、工作态度、工作表现和工作绩效的认可。奖金、加薪、旅游等可以提高员工的生活消费水平，使员工获得及时的满足，对于员工的短期激励十分有效。晋升是指员工在组织中由低级岗位向更高级岗位变动的过程；培训深造是指优先选送获奖者在国内或者出国深造进修；表彰是指利用公开的场合对获奖者给予表扬，或者将获奖者的事迹通过媒体进行赞美，这些非物质激励是企业对员工进行长期激励的有效手段，可以满足员工更高级别的需求，同时也是对企业的一种长期投资。

企业对员工实施处罚通常是在出现了以下几种情况下进行的：不按时上下班，不服从上级领导，严重干扰其他员工或管理者的正常工作，偷盗行为，在工作中违反安全操作规程，以及其他违反企业规章制度的行为等。企业对员工的惩罚措施按照处罚程度由轻到重分为谈话（批评）、警告、惩戒性调动和降职、暂时停职以及追究刑事责任。管理者找员工谈话是最常用到的管理手段；警告是书面的文件，说明员工违反了什么，再次违反会产生什么后果，在限定日期内不加以改正会受到什么处罚，有发送日期和接受者签字；惩戒性调动和降职与晋升相反，既包括员工从原有序列调到另外序列，也包括员工在同一系列中的职务降级，两者的共同点为职务等级降低；暂时停职是指在一段时间内停止受惩罚者的职务，并且停止发放薪酬和津贴；追究刑事责任是指对触犯刑法者移交司法机关，由司法机关进行处理。

（2）实施奖惩的注意事项

实施奖惩关系到企业和员工的切身利益，在具体操作过程中企业管理者需要倍加关注，以免造成员工的不满情绪，甚至提出申诉。实施奖惩的注意事项包括三项：①以事实为依据，注意调查取证。奖惩应该建立在事实清晰、证据确凿的基础之上，并且实施奖惩应当有明确的、可呈现的依据。在企业中，可以建立员工的工作档案，记录员工的工作表现、工作业绩、违规行为等，时刻更新员工的工作状态，使之成为员工奖惩的一种依据。管理者要避免草率行事，切忌在惩罚之后搜集证据。②在实施处罚时注意由轻到重，掌握好处罚力度。管理者对员工进行处罚时应该循序渐进，确保对员工所犯错误进行最轻的处罚，当然对于严重的违纪违法行为，可以采取最直接的处罚，总之，对员工的惩处应该与其所犯错误的严重程度相匹配，做到公平公正。③奖惩结果须向员工公示，遵循民主程序。依据企业职工奖惩条例进行的奖惩应该公平公正，得到企业员工的认可和赞同；同时也需要企业在制定规章制度时征求员工的意见和建议，遵循民主程序，如职工代表大会通过、集体谈判确认通过等。

2. 申诉

当员工对企业某些决策不满时，员工可以通过口头或者书面的形式提出申诉。组织或者企业一般都设有员工申诉制度，当员工对雇佣条件不满，产生不公平感时，会影响员工的工作情绪，降低工作效率，申诉制度的建立为解决此类事件提供了一种正式化的、被认可的途径。

（1）申诉的种类

组织内的申诉包括个人申诉和集体申诉两种。个人申诉是指员工个人对管理方给出的奖励（物质奖励和非物质奖励）和惩罚（谈话、警告、惩戒性调动和降职、暂时停职以及追究刑事责任等）的决定存在异议，由个人或者工会代表向管理方提出。集体申诉是指由组织双方（工会和管理方）针对对方违反协议条款的行为提出政策性申诉，例如管理方把协议中规定的本应该由企业完成的工作任务外包给其他公司，造成公司内部工作岗位减少，损害了员工的利益。

申诉的内容一般限于与工作相关的争议，员工的私人问题、家庭问题则被排除在外，不能通过申诉的方法解决。一般而言，在组织内可以通过员工申诉制度解决的事情包括工资水平、员工福利、工作环境、安全卫生条件、管理规章制度、工作分配与调动、绩效考核、员工关系等。

（2）申诉的程序

由于企业内部设置的不同以及申诉事件的不同，员工申诉的程序也存在差别。在没有正式工会的企业中，员工申诉多由当事人与主管直接协商，若是得不到解决，则向上一级提出进行再次协商，以此类推，直到最高主管来解决；在工会组织健全的大企业中，员工申诉一般经过三个步骤：第一，由员工及其工会代表与直接管理人员通过非正式方式进行协商，如果失败，再向其他管理者提出书面申诉；第二，由工会领导与部门经理或者工会负责人直接协商；第三，由工会同当地工会主席或者人力资源管理部门负责人进行协商，如果对于申诉内容仍然不能解决，则结束申诉，进入仲裁阶段。

总之，不管组织内有无工会，员工申诉的程序都可分为五个阶段：①员工或者工会代表提出申诉。员工或者工会代表面对需要申诉的事项时，切忌鲁莽冲动，应该以平和的心态相信员工申诉制度，通过法定程序提出申诉。②管理方受理员工申诉。不管员工出于什么原因提出申诉，管理方都要客气有理地接纳申诉人的申诉，耐心听取事件的过程，与申诉者、监督者进行协商。③调查取证。管理者需要本着公开严谨的态度及时查明引起争议的事实，不得偏袒，如借助员工工作档案、访谈事件的参与人等，同时注意证据的搜集、整理和保存。④处理申诉问题。管理者在了解了员工申诉的事件之后，与员工进行协商，提出让双方都满意的解决方案，还原事实的本来面目，消除双方的误会，做好"和事佬"的角色。当然，对于情节恶劣的事件，管理方在查明真相的基础上应秉公办理。⑤申请仲裁或者提起诉讼。如果员工申诉不能在组织内部获得圆满解决，那么双方可以申请第三方机构介入。在我国，组织外部的司法机构有劳动争议仲裁委员会和人民法院，双方可以申请仲裁，如果对仲裁结果不满意可以进一步向人民法院提起诉讼。

第七章 人力资源开发与管理实践创新

第一节 人力资源开发及实践创新

一、企业职业开发管理的新观点——职业发展观

（一）何谓职业发展观

职业发展观，即现代企业组织为其成员构建职业生涯开发与发展和度过工作生命周期的职业通道，使之与组织的职业需求相匹配、相协调、相融合，以达到满足组织及其成员各自需要、彼此受益这样一种目标要求的思想、观点和理念。其基本含义：

第一，职业发展观是现代企业职业开发管理的新视点、新观念、新的指导思想，因此，组织是职业发展观的物质承担者和主导因素。

第二，职业发展观意义上的职业范畴有其特殊含义。就一般职业概念而言，一是强调社会劳动分工，此系职业产生和存在的前提与基础；二是强调职业是劳动者相对稳定地担当社会具体劳动分工的角色。然而，当我们考察现代企业职业发展观及职业有效管理时，职业概念则是向组织和个人描述了取得组织成员资格和度过工作生命周期的通道。因此，便有内职业与外职业之说。内职业，是指个人追求的职业，在内职业中，从业者力图使职业工作同他们个人的其他需要（维持生活或提高生活质量、安全健康、社会交往、获得尊重、实现个人价值等）、家庭义务及休闲取得平衡。内职业是从事者所追求的、欲达到的满意的（理想）职业，是其主观内在职业经历路径，故称为内职业。它常常是客观的外职业的主观面。外职业，是对组织而言的，其意味着组织努力为其员工在组织的作业生命中，确立一条有所依循的、可感知的、可行的职业发展通道。相对于内职业来讲，外职业是外在的客观存在。

第三，职业发展观的本质或核心内容，是内职业与外职业相互作用、互相融合。内职业是从业者个人的主观心理和个体行为。不同人有不同的职业要求，相异的职业经历，甚

至在相同的职位上可能具有不同的生活目标，各异的工作追求。但是，内职业不能脱离外职业，因为个人依靠组织提供工作或就业机会，内职业的追求要考虑组织的需要；此外，员工的职业生涯开发要依赖于组织设置的职业发展通道，否则将一事无成。

同时，外职业作为组织的需求和行为，也离不开内职业。在现代企业经济运行过程中员工是各个职业岗位的主体，企业各项工作、各项职业任务及整个工作完成的好坏和企业目标的实现，从根本上决定于员工个人职业能力及其积极性、创造性的充分发挥。显然，员工依靠组织，组织也必须依赖于员工。

运用集成观、互动观来促进组织的外职业系统与员工的内在职业追求相互作用、互相匹配、相互协调，一言以蔽之，融合组织与个人的职业需求，便是职业发展观的本质。

第四，职业发展观着眼点为组织与员工双方的利益和需求，其所要达到的目的有两个：①组织与雇员各自的职业需求在双方互动中得到满足。例如，组织方面补充职业岗位空缺或者实现了职业调整；员工个人则定位于自己满意的、理想的或适宜的岗位上。②组织与员工在完成职业任务中均获利益。例如，组织取得高水准的工作绩效，获得最大的经济效益，实现组织目标；员工个人对薪酬收入、安全、人际交往、尊重、个人价值实现，或者平衡工作与休闲、工作与家庭等某一种或几种利益、需要获得满足。

第五，职业发展观是企业的目标追求，是企业职业开发管理的指导思想，又是企业职业动力理论。内职业与外职业是不断的互动过程，二者相互作用，达到有效的相互结合，从而呈现平衡。随后，由于生产技术水平的提高，或者生产任务的变化，组织方面产生新的职业需求，员工个人也会因为信念、价值观、目标、能力的变化而有新的职业需求，于是，内外职业的平衡与匹配被打破，二者的结合必须做新的安排与调整，达到新的有效适应……这种内外职业的不断相互作用，平衡—不平衡—平衡的互动过程，无疑会促进企业和员工的职业发展，推动企业不断前进和员工进步。

（二）职业发展观的意义和作用

职业发展观作为现代企业职业开发管理的新视点和理念，对于企业和员工发展具有重要意义和作用。

1. 有利于组织进行成功的职业开发管理

首先，职业发展观帮助组织认识和分析组织中的各种职业及其职业通道。位于组织内每种职业的员工均有进一步发展的前途，通常有三种情况：一是在企业某项职业工作中发展精湛技艺，成为行家里手，如由普通操作工成为技师；二是某一职业工作的专门化或专业化，成为该项职业工作有贡献的专门人才；三是企业中所有职业岗位上的人员，包括专业技术人员、一线工人和管理者，均是进入管理部门或高层管理决策层的选聘基础。职业发展观帮助组织认识员工因职业缘故所存在的差别，在分析每一员工职业特点和职业经历基础上，为其创造进一步发展的职业通道。

其次，职业发展观使组织很好地认识企业不同职业间的相互作用，并将多样化和专业化职业的贡献加以整合，从而进行有效的职业开发与管理。随着科技飞速进步、市场经济发展和生产社会化水平的提高，企业内职业的地位、作用发生变化，其相互作用与协调合作加强，若在企业职业开发管理中，无视这一变化，便不能对组织的总体效益做出正确评估，从而不能进行有效的职业开发与整合。众所周知，许多企业早期的成长与成功，多源于企业家的创造力，以及以工程和生产部门的技能为基础的一种技术优势。以后，竞争对手出现，要在动荡不定的、激烈的市场竞争中保持优势，营销、推销技能和财务控制系统的作用至关紧要，就是说，营销、财务职业的地位和作用相对上升，这一变化无疑波及不同职业需求的变更。职业发展观促使组织必须依据变动了的实情，及时进行必要的职业开发与整合，从而建立起有效的职业开发管理方式，保证组织的成功。

2. 有利于员工全面发展

员工全面发展，是一种发展趋势和方向，也是现代企业的目标和担负的任务。职业发展观推进这一目标的实现。一方面，从招聘、录用伊始，就为员工尽可能地配置适宜的职业岗位；另一方面，又非一次分配定终身，通过对员工实际工作的考评，根据组织需要和员工个人情况与要求，不断进行调适，或者予以升迁，或者委以重任，或者调换工作，等等。职业发展观这种动态开发与管理和开通的职业通道，对员工发展是极大的激励和推动。

组织虽然设置职业通道，然而，员工欲达到职业目标，获得全面发展，还必须凭自己的实力（智力、知识、技能、体能），脚踏实地走好这条道路，否则，对于不胜任的工作，或者玩忽职守的员工来讲，此路不通。因此，员工必须不断学习现代知识，提高职业技能，必须勤奋敬业，恪尽职守。职业发展观对员工这一特有的压力，显然又是一种动力和激励力量，从而促进员工不断奋进，在实现组织目标过程中求取自身的全面发展。

此外，职业发展观鼓励人们将员工视为全面人。就是说，不能将员工仅仅看作单纯的工作人，他们有思想、有意识、有感情，除去工作之外，他们还要生活、要消费、要休闲、要学习、要发展，要充任各种家庭角色，担当生儿育女、敬老养家等义务，因之，他们是全面人。组织不仅要关心员工的工作，还要关心他们的生活、个人发展及其家庭。与此同时，组织要重新思考和重新设计自己的某些奖酬系统、激励机制和人事政策等，对员工日益增多的需要做出适宜的反映。显然，职业发展观关于全面人的观点极利于员工全面发展。

3. 有利于组织的发展与创新

组织的发展，主要强调创造组织的应变力，造就或发现批评派、改革派的员工或经理，打破旧的现行体制，这也是组织发展的三要素。另外，职业发展观也有助于组织发展与创新。

首先，职业发展观帮助组织发现、培养、造就企业的创新者、革新派。无论是组织应变力的获得，还是旧体制和旧规章的打破，抑或改革派员工和经理的发现与造就，都需要人去承担。所以，组织的发展创新，归根到底是人的发展和创新。职业发展观明示：组织与员工同处于一个社会大环境之中，为适应时代需求，组织必须不断发展、不断进步，同时，相应地需要具有创新精神与能力，以及时代职业道德与风范的经理、员工与之相匹配。

因此，发现、培养、造就时代创新者，即组织发展创新主体，既是职业发展观的要求，也是职业发展观所指示的任务。

其次，职业发展观通过组织职业计划，为组织发展或变革计划实施提供人员及其职业工作保证。20世纪90年代，发达国家进行了企业再造工程。面对这样一场深刻的管理革命，职业发展观使组织清醒地认识到，企业若想取得再造的成功，就必须培养进行管理革命的骨干主体力量，还必须有与企业再造工程相配套的职业计划。所以，实施再造的企业，应先重点训练和组织起直接主持与从事企业再造工程的队伍，并设置企业再造的领导者、再造工程主任、再造团队、指导委员会和再造总监五种职业角色，并分别赋予他们实行企业再造的职责和权力，这就从组织机构和人员职业工作方面有力地保证了企业再造工程的顺利实施。

最后，职业发展观有利于企业创建一种新的促进企业创新的职业开发与发展系统。任何一次企业发展和创新，必然带来组织业务流程及相关方面工作的变化，随之职业工作发生变动。仅以美国通用电话电子公司（GTE）企业再造中的电话维修业务流程为例。其再造之前，旧流程分四步走，各类人员各司其职：第一步，用户报修，修理科职员记录报修要求，并交予线路检测工；第二步，检测工查检公司总机或电话线路是否有问题；第三步，查出问题，检测工将情况报告给技术员或调度员；第四步，维修工根据调度员的安排，如约上门修复线路或设备。再造之后，维修流程步骤大大简化，从接受报修至修理，由一个人处理完成，原来客户等待诸多小时，甚至数天方能落实的维修预约，如今几分钟即可解决。由于业务流程革新，现在，一个人承担了修理科职员、检测工、技术员（或调度员）及维修工四种职业工作。职业发展观促使人们重新改造、革新作业系统之后，不可避免地会自觉地创建一种适应和保证新作业系统运作的新的职业开发与发展系统。

4. 有助于分析、理解和塑造企业文化

企业文化是企业的精神支柱和灵魂，是企业经营管理的指导思想及行为导向体系，职业发展观在分析和构建优秀企业文化中发挥了重要作用。

第一，职业发展观有助于认识和分析企业文化的形成。一个企业的文化，一般由该企业的创建者和早先的骨干成员所奠定，他们的价值观、个性、态度及职业背景形成该企业的文化基础。

第二，职业发展观有助于认识和分析企业文化差异。不同的企业有相异的企业文化，这种企业文化差异同组织的创建者和骨干成员的个性及职业经历密切相关。

第三，职业发展观有助于构建优秀企业文化。首先，有助于积累企业文化。企业文化积累是原有企业文化特质的保存和新文化特质不断增加的发展过程。它是在不同特质文化互相接触、交流时产生碰撞、对抗和冲突中进行的。职业发展观帮助人们进行文化判断、分析、评价和选择，一方面，淘汰原企业文化中消极的和与时代不适应的成分，保存、传递和发挥其优秀成分；另一方面，职业发展观在分析不同类型职业所形成的企业文化差异的基础上，进而从异质文化中吸收适于自己企业的优秀文化成分。其次，职业发展观有助于整合企业文化。企业中有多种职业存在，每种职业有其特有的认知、态度和价值取向。就是说，企业中存在不同的文化成分。职业发展观促进组织修正旧的不合时宜的文化，倡导新的优秀特质文化，同时，伴随某些旧职业淘汰，一些新职业产生，组织吸收新职业优秀文化成分，进行企业文化整合与再塑造。此外，职业发展观鼓励内职业发展，且将员工个人目标和价值追求，结合、统一到组织目标和价值取向上，这无疑利于整体企业文化的构建与发展。一个企业有优秀文化支撑，必会立于不败之地，员工个人也必将获得很好的、全面的发展。

二、置于个体总生命空间中的职业开发管理变革

（一）员工个体的总生命空间

1. 生物社会生命周期

其包含两方面的生命内容，或者说决定于两大因素。①生物力，即人体所发生的生物性变化。例如，一个人身体发生的成长、长大、衰老的自然生理变化；每个人可能发生某种疾病；此外，人有喜怒哀乐多种情绪，因其反映人体化学方面的某些基本变化，故可以被视为与生物性相关的存在。②与年龄相关的预期社会文化准则。例如，儿童被预期是贪

玩、好动、耍性子的；青少年被预期是不定型的、精力旺盛、好冲动的，正奋力向成年靠拢；成年人被预期有承担工作和家庭方面的责任和义务；老年人则被预期精力和体力逐渐衰退，且更多地沉浸在自我闲暇与保健之中，接受自己责任水平的减退。我国流传的所谓"三十而立，四十而不惑，五十而知天命"，是典型的与年龄相关的预期社会文化准则。

正是上述生物力和随之而来的与年龄相关的预期社会文化准则，构成一个人的生物社会生命周期。

2. 家庭生命周期

任何人都均生活于一定的家庭关系之中。最初他（她）出生、成长并依赖于父母的家庭中，长大参加工作至独立之前，直接具有了其家庭责任和孝敬父母的义务。这个家庭，对于他（她）来讲，可称作原点家庭。待长到一定年龄（如 25 岁）被预期结婚生子，于是开始了他（她）自己的家庭周期，这一家庭可称谓他（她）的即时家庭。但此时，他（她）的原点家庭并未消失。就是说，他（她）的家庭生命周期是原点家庭和自己的即时家庭同时存在，承担多重家庭周期任务：①满足自己的配偶及子女的需求；②满足已经年迈且依赖性逐渐增强的父母亲的需求；③养育子女，培养后代。家庭生命周期向他（他）提出的上述要求和给予的压力，同时提供了养育、欢乐和成长的机会。由家庭所产生的许多角色力量（如儿女、父母亲角色等）是不以自我意志为转移的客观存在，是不可逆转的，这些角色不能也不可能放弃，只能设法完成这些家庭角色应担当的任务。

3. 工作/职业生命周期

这是一个人为了个人及其家庭生存与发展，从事职业工作，直至退出职业工作这样一种生命活动过程。它始于早期的职业意向、教育和培训确定的工作预期，历经寻找工作、就业、熟悉工作、建立职业锚、在外职业运行中发展内职业，及至最后的退休。

生物社会生命周期和家庭生命周期，是一个人的必然经历（极个别人没有自己的即时家庭周期），人皆有之。但是，并非每个人都有工作/职业经历。例如，某些失去劳动能力之人；某些不愿意进入社会劳动之人；或者被迫从事家务劳动的人，包括一些国家的妇女至今受民族传统习俗的束缚，不可以参加社会劳动……这些人一般不具有工作/职业生命周期。对于企业员工而言，一般三个生命周期具有，特别是工作/职业生命周期，在其人生之旅中占据重要位置。

在上述每一个生命空间周期内，有其各自相对应的任务，因此是各不相同、相对独立的生命周期；同时，各生命空间周期又相互依存、相互关联、相互影响和相互作用的。这种人生旅程中横剖面上的三个生命空间周期及其相互有机联系，便构成一个人的总生命空间。置于个体总生命空间进行职业开发管理，乃是现代企业职业开发管理的创新与变革。

（二）置于个体总生命空间的职业开发与管理

在企业中，人力资源的职业开发与管理经历了由低级向高级、由传统向现代的发展过程。传统职业开发与管理有两大特点。

其一，组织发展目标一元化，即追逐利润最大化，因此，传统职业生涯开发与管理，以企业目标和任务实现为出发点，为工作导向的发展活动提供机会是组织唯一的考虑。其二，在上述目标和观念支配下，将员工的职业工作及其家庭、个人事务割裂开来，对员工的职业开发与管理只限于其工作时间和场景之内，对员工的家庭及个人事务，认为是员工个人的事，是工作之外的事，因此，不予理解、关心，即不管不问。

现代职业开发与管理，具有崭新的理念和观点，实践发生根本变革。首先，企业发展目标由一元变为多元，由此决定，现代职业开发与管理视线扩展至员工个体利益需要与个体发展。人的发展不再是企业发展的附属物，企业人力资源计划和职业开发与管理系统，不再单纯为了企业或组织的需要，同时也是为了员工个体发展的需要，而且将组织需要与员工个人需要有机地结合，力求双方利益和需要均得以实现。

其二，现代职业开发与管理已超出员工的工作生命空间，而是置于个体总生命空间中进行，在员工的职业工作、家庭及生物社会生命空间的相互作用中，实现卓有成效的职业开发与管理。

三、立足于战略高度认识和实践职业开发与管理

（一）职业开发与管理是企业战略有机构成部分

企业战略，是指企业在对自己内部的优势与劣势，以及外部的机会和威胁进行分析与预测的基础上，为了维持自己的优势竞争地位而制定的发展规划。

职业战略的其他部分，包括人力资源开发管理战略，而人力资源开发管理战略则包含诸多具体战略，如教育培训开发战略、组织开发战略等。作为企业战略的组成部分，尚有职业开发管理战略。

若按企业战略内容考察，有企业总体经营战略、企业创新战略、组织发展战略、投资战略、市场竞争战略、技术发展战略、产品发展战略、跨国经营战略、营销组合战略、财务管理战略、信息系统发展战略、人力资源开发管理战略、企业文化战略、企业形象战略等，几乎涵盖企业经营管理的全部内容。当然，人力资源开发管理战略，必然包括职业开发管理战略。

（二）职业开发与管理具有战略性的基本特征

企业的职业开发与管理自身即具有战略素质或战略性质。首先，职业开发管理是关乎企业全局的活动或过程。美国著名的格兰特公司，从 18 世纪初开始逐步成长为一个全国性的连锁公司。20 世纪 70 年代，该公司管理者决定改变企业经营战略，将商店变成名为"格兰特城"的属于贸易中心一类的超级大商场。无疑，这是一个伟大的外部市场开发战略。然而，格兰特公司实行新战略不到 3 年时间就垮台了，因为它本身就是一个不明智的、错误的战略，新战略根本不符合市场需要，未根据公司的优势和劣势，扬长避短。此外，格兰特公司尚未在企业内部做好有效管理这一新战略的充分准备。例如，其公司雇员甚至还不能恰当地处理以信用卡结算的大宗销售业务。显然，未及时做好职业开发与管理，亦成为导致全局失败的重要原因。

其次，职业开发具有长期性、预期性，可以超前决策。职业生涯是人一生中整个工作生命周期，职业开发贯穿于个体全部几十年的工作生命周期，具有长期性特点。同时，职业生涯历经不同阶段，每一相异阶段有各自的职业开发任务和具体开发内容，而这一个体职业开发，根据一般个体总生命空间运行规律和每一个体的特质及职业需求，是可以预期的，因而也可以超前做出如何开发和培养的对策。就组织而言，它是众多个体有机组合的集合体，根据企业外部环境及其变动和企业内部优势与劣势，以及企业职业发展需求，考虑每个员工职业生涯预期的开发，完全有必要、有可能进行预测，并超前决策，制定出企业职业开发管理战略及其实施方案，这既是企业职业开发管理的必然，又是企业在激烈竞争中取胜所必需的。

（三）职业开发与管理具有完备的战略内容

将职业开发与管理上升至战略高度，缘于其具备战略的基本内容。战略一般含四方面内容：战略目标、战略范围、战略手段和战略部署。

1. 战略目标

是对发展方向的具体描述，或发展所预期达到的目的。职业开发与管理的战略目标，是人的全面发展和企业在激烈竞争中的不败与成功发展。

2. 战略范围

是战略目标实施的领域和实施对象的集合。企业的职业开发与管理战略目标实施的领域，一方面是个人的职业追求、职业选择、职业计划，即个人职业生涯的设计与开发；另一方面是组织的职业需求、职业岗位和职业通道的设置与配置，与个人职业计划相匹配的组织职业计划的制定与实施。此外，工作分析、绩效考评、教育培训、晋升与流动等紧密相关的工作也会纳入企业的职业开发管理战略范围。职业开发管理的战略实施对象，是组织内全体成员，其中，尤以企业的各级领导管理者为职业开发管理战略实施对象的核心部分。

3. 战略手段

是企业拥有的、可以借用的实施战略的各种力量、机制、方法之和。例如，员工个人职业计划、组织职业计划，可视为企业进行职业开发与管理的方法，而劳动力市场，则是职业开发管理的机制、力量。

4. 战略部署

是战略实施的具体计划，表现为具有内在有机联系的一系列步骤和措施。遵循新职业发展观的要求，所构建的组织职业计划与个人职业生涯相匹配的模型，便是一种典型的传统的企业职业开发管理。

四、职业开发与管理的新模式——组织职业计划与员工职业生涯开发匹配模型

传统的企业职业开发与管理，是以组织单方利益和目标（利润最大化）的实现为出发点、核心和归宿，至于员工个人发展、职业需求与职业进步，并未在企业的职业开发管理视野之内。员工职业生涯的设计是其个人之事，好像与组织无关，因此更谈不到组织有意识、有目的地为员工个体发展设置职业通道。所以，传统职业计划一般仅为组织一方的职业需求与供给计划。

现代企业的职业开发与管理已经进入了以新职业发展观为指导的新阶段。职业发展观基于这样的事实：组织依靠员工而发展，员工依靠组织提供工作和就业机会。二者相互依存、互相作用、互相影响、共求发展。因此，使个人职业需要与组织职业需要相均衡、相协调，使组织与其所属员工均能受益，是企业职业开发管理的指导思想、出发点和归宿，是企业职业开发管理的灵魂，它通过职业计划而表现。可以说，职业计划是职业发展观的具体化、实践化，是职业发展观的具体实施和实现，它既是企业职业开发管理运行有所遵循，又是企业职业开发管理运行的总结与升华。以新职业发展观为指导的现代企业职业计划，是对传统职业计划的革命和创新。

第一，职业计划由组织单方变为双方。首先是个人职业计划，这是员工个人筹划其人生职业工作的过程，或者说个人设计自己的职业生涯，策划如何渡过职业工作生命周期的过程。通过职业计划，评价一个人他（她）的能力和兴趣，考虑其可选择的职业机会，从而确立职业目标，筹划实际的职业发展活动。可见，个人职业计划是员工个人的主动行为或活动，是个人职业生涯的设计与策划。个人职业计划活动主要包括：评价自我，确定职

业需求，选择职业机会，确立职业目标，策划实施目标的具体行动或者自我职业发展的具体活动，以获取个人职业生涯的成功。其次是，组织职业计划。组织职业计划，是指在一个组织内，组织为其成员实现职业目标确定职业道路，充分调动员工潜能，使员工贡献最大化，利于员工发展和组织目标实现的过程或开发管理活动。组织职业计划目标设定原则是：必须有利于实现组织的基本目标，必须有利于员工个人职业计划的实现。在组织职业计划中，设置职业通道，亦即组织为员工个人职业目标实现而设置的变换职业所走的路线或者途径，其乃是组织职业计划的核心。显然，由职业发展观所支配的组织职业计划，其指导思想、出发点、目标、任务及内容，同传统组织职业计划相比，发生了根本创新。

第二，现代的职业计划，是组织职业计划与个人职业计划相结合、相匹配的完整计划。对此，一些学者进行研究，构建了组织与个人相匹配的职业开发管理模型。

五、一个全新的概念——职业锚

（一）职业锚含义

职业锚是自我意向的一个习得部分。个人进入早期工作情景后，由习得的实际工作所决定，与在经验中自省的天资、动机、需求、才干、态度、价值观相符合，达到自我满足和补偿的一种个人的长期稳定的职业定位。把握职业锚概念，要注意如下几方面：

第一，职业锚以员工习得的经验为基础。员工在工作若干年，习得工作经验后，方能找到自己稳定的长期贡献区。个人在面临各种各样的实际工作生活情境之前，不可能真切地了解自己的能力、动机、价值观事实上将如何相互作用，以及在多大程度上适应可行的职业选择。因此，员工的工作经验产生、演变和发展了职业锚。换言之，职业锚在某种程度上由员工实际工作经验所决定，而不只是取决于个人潜在的才干和动机。

第二，职业锚不是根据各种能力或者作业动机、价值观所做的预测，而是员工在工作实践中，依据自身的和已被证明了的才干、动机、需要和价值观，现实地选择和准确的职业定位。

第三，职业锚是员工自我观中的动机、需要、价值观、能力相互作用和逐步整合的结果。在实际工作中，员工重新审视自我动机、需要、价值观和能力，逐步明确个人需要与价值观，明确自己的擅长所在及其发展的重点，并且针对符合于个人需要和价值观的工作，以及适合于个人特质的工作，自觉地完善、增强和发展自身才干，从而达到自我满足和补偿。经过这种整合，员工寻找到自己长期稳定的职业定位。

第四，员工个人及其职业锚不是固定不变的。职业锚，是个人稳定的职业贡献区和成长区。但是，这不意味着个人将停止变化和发展。员工以职业锚为其稳定源，可以获得该职业工作的进一步发展，促进个人生物社会生命周期和家庭生命周期的成长，改进其质量。此外，员工在其职业生涯过程中，可能会根据变化的情况，重新选定自己的职业定位，此时职业锚本身可能变化。

（二）职业锚的类型

职业锚是自我意向习得部分，每个人都有各自的特质、动机、需要、追求和价值观，其所寻求的职业锚也有所不同。从现实来看，施恩归纳了 5 种类型的职业锚，也是 5 种类型的自我意向模型。

1. 技术职能能力型的职业锚（简称技术锚）

对追求此类型职业锚的员工来说表现出如下特征：①强调实际技术或某项职能业务工作，注重个人专业技能发展。②拒绝全面管理工作，负单纯管理责任的职业对他们毫无吸引力。③其成长是在技术职能区内的技能不断提高，其成功更多地取决于该区域专家的肯定与认可，以及承担该区域技术性能、日益增多的富有挑战性的作业。

2. 管理能力型的职业锚（简称管理锚）

管理锚与技术职能锚完全不同，不同之处主要为：①管理锚倾心于单纯管理责任，且责任越大越好。具体的技术工作或职能工作，仅仅被其看成是通向更高、更全面管理层的必经之路，是获取专职管理权的必需品。②管理锚具有强有力的升迁动机和价值观，以提升等级和收入作为衡量成功的标准。③管理锚具有将分析能力、人际关系能力和感情能力合成的技能；分析能力要求对环境敏感，能评估信息的有效性，具有分析和解决问题的技能；人际关系能力，即能影响、监督、率领、操纵和控制组织的各级人员，更有效地实现组织的目标；感情能力，能够从感情上应付严峻局面和艰难的人际关系，具有调适力、承受力，能在风险和不确定条件下决策，义无反顾地承担自身决策和下属行为的后果。在三个能力当中，感情能力很微妙，它可能是识别何种人将在高水平的管理角色中取得成功的最重要的能力。其他类型职业锚人也会具有这三种能力，甚至其中一两个方面的能力较管理锚的人发展得更高，但管理锚的人独具将三种能力合成的高技能，且表现出优越的管理才干。④抛锚于管理职业的人，在很大程度上具有对组织的依赖性。要依靠组织为他们提供具有重大责任的工作岗位，展示他们高水平的管理能力。而且，管理锚的人所具有的认同感和成功感来自其所在组织，他们与组织命运紧紧相连。当介绍自己时，谈的常常是他们的职位、公司的规模、活动域及其发展。从某种意义上讲，这些人就是高水平的"组织人"。

3. 创造型职业锚（简称创造锚）

这是个难说清楚而又很独特的锚。①在某种程度上，创造锚同其他类型锚有重叠。追求创造锚的人要求有自主权、管理能力，能施展自己的才能。但是，这些不是他们的主要动机、主价值观，创造才是他们的主要动机和价值观。②有强烈的创造需求和欲望。追求创造锚的人有一种一以贯之的需要，即建立或创造某种东西，它们完全属于自己的杰作。发明创造，奠基立业，是他们工作的强大驱动力，是他们绝不会放弃的东西。③意志坚定，勇于冒险。冒险与创造有如孪生兄弟，立志抛锚于创造型职业的人，既然强烈要求标新立异、有所创造，一般都做了冒险的准备。因此，总是力图以坚韧不拔、百折不回的精神和行动，赢得创造需要的实现。

4. 安全型职业锚

又称作稳定型职业锚，其特征为：①职业的稳定和安全，是这一类型职业锚员工的追求、驱动力和价值观。他们的稳定、安全取向主要有两类：一种追求职业安全、稳定，稳定源和安全源主要是一个给定组织中的稳定的成员资格；另一种注重情感的安全稳定，包括定居等，使家庭稳定和使自己融入团队的感情。②在行为上，倾向于依赖雇主要求行事，不越雷池一步，为了维持以工作安全、体面的收入、有效退休方案、津贴等形式体现的一种稳定的前途。③对组织具有依赖性。一般不愿意离开一个给定的组织，依赖组织来识别他们的需要和能力，相信组织会对他们做出可能的最佳安排，他们较其他人更容易接受组织。④个人职业生涯的开发与发展受到限制。因为依赖组织，个人缺乏强驱动力和主动性，故很不利于自我职业开发与发展。即使有很强的业务技术才能，由于职业与感情上高度安全稳定的追求，往往限制他们沿着等级维度的职业运动。⑤安全型职业锚的成功标准是：一种有效的稳定、安全、整合良好的、合理的家庭和工作情境。

5. 自主型职业锚

又称作独立型职业锚，其特点是：①最大限度地摆脱组织约束，追求能施展个人职业能力的工作环境。②自主型职业锚与其他职业锚有交叉，如自主职业锚同时是技术职能锚，或者同时是安全型职业锚。另有情况是，追求自主型职业锚的人，将其追求的职业也看作一种向较高层面的管理位置的过渡。尽管追求的职业锚有交叉，但是，自主的需要较其他方面需要更强烈，视自主为第一需要。③以自主型职业为锚地的人在工作中显得很愉快，享有自身的自由，有职业认同感，把工作成果与自己的努力相联结。

（三）职业锚的意义

在现代企业职业开发与管理和个人职业生涯开发过程中，职业锚概念的提出和职业类型的确定，有其重要意义和作用。

第一，识别个人职业抱负模式和职业成功标准。职业锚是个人经过探索所确定的长期职业贡献区或职业定位，因此，能清楚地反映出个人职业追求与抱负。与此同时，从职业锚可以判断员工达到职业成功的标准。职业成功，无统一固定标准，因人而异，因职业锚而不同。对于管理锚的员工来说，其职业成功在于升迁至高级职位，获得更大的管理权力，而对于安全锚的员工来说，求得一个稳定地位和收入不低的工作，有着优雅的工作环境和轻松的工作节奏，便是其职业成功的标志了。

第二，促进预期心理契约得以发展，有利于个人与组织稳固地相互接纳。职业锚可以准确地反映个人职业需要及其追求的职业工作环境，反映个人的价值观与抱负。透过职业锚，组织获得员工正确信息的反馈，这样，组织才有可能有针对性地为员工发展设置可行的、有效的、顺畅的职业通道；个人则因为组织有效的职业开发管理，使自身职业需求获得满足，必然深化对组织的情感认同与服从。由此，组织与个人双方相互深化了解，互相交融，从而达到深度而稳定的相互接纳。

第三，增长职业工作经验，增强个人职业技能，提高劳动生产率和工作效率。职业锚使个人相对稳定地长期从事某项职业，因此必然增长工作经验。经验的丰富和积累，既扩增个人知识面，又不断增强职业工作技能，直接产生提高工作效率或劳动生产率的明显效益。

第四，职业锚为员工中后期职业工作奠定了基础。在具有工作经历之前，职业锚不存在。一个人抛锚于某一职业工作过程，就是他（她）自我真正认知加深的过程，认识自己具有什么样的能力，能力水平，还需要什么，价值系统是什么，自己属于何种类型的人，等等。把职业工作与完整的自我观相整合的过程，决定了成年期的主要生活和职业选择及职业境况。所以，职业锚开发过程是中后期职业工作的基础，换言之，中后期职业发展与早期职业锚连接在一起。

（四）职业锚的开发

1. 职业锚的个人开发

从个人角度，开发职业锚，主要应做好以下工作：

第一，提高职业适应性。职业适应性是职业锚的准备和前提基础。提高职业适应性，①选定职业目标，努力去适应，要目标专一，不要朝秦暮楚，用心不专。②学会在动态中适应。③适应职业环境，包括适应工作及适应新的人际关系。④能力替代或补偿。个人能力并非单一，不同能力之间可以相互替代或补偿，同时，互补互替还发生于气质与能力、性格与能力、个性与能力之间。例如，熟能生巧，是娴熟技能对创造能力的增进；勤能补拙，是素质与能力之间的补偿，这种能力的补偿，可以明显增进职业适应性。⑤培养工作兴趣，扩展知识。兴趣是员工心理上、情感上的职业工作的动力和支撑力，一定的文化知识、职业知识和专业知识，则是其从事职业活动的物质基础条件和必要保证。⑥以良好的、积极的心态，脚踏实地、安于承担低等或枯燥单调的工作，这是通往自己职业目标进程中的铺路石。如此，就能够对兴趣浓厚、富于创造和挑战性的工作，迅速达到深度适应。

第二，借助组织的职业计划表，选定职业目标，发展职业角色形象。职业计划表是一张工作类别结构表。员工应当借助表中所列职业工作类别、职务升迁与变化途径，结合个人需要、特质、价值观，实事求是地选定自己的职业目标。一旦瞄准目标，积极创造胜任条件，并在组织内树立良好的职业角色形象。

职业角色形象，是员工个人向组织及其工作群体的自我职业素质的全面展现，是组织和工作群体对个人关于职业素质的一种根本认识。其构成主要有两大要素：一是职业道德思想素质，通过敬业精神，对本职工作热爱与否、事业心、责任心、工作态度、职业纪律和道德等来体现；二是职业工作能力素质，主要看员工所具有的智力、知识、技能是否胜任本职工作。员工个人应当从上述两个主要的基本构成要素入手，很好地塑造自己的职业角色形象，为自己确定职业锚位创造条件。

第三，培养和提高自我职业决策能力和决策技术。自我职业决策能力，是一种重要的职业能力。决策能力大小、决策正确与否，往往影响整个职业生涯发展乃至一生。在个人职业生涯发展过程中，特别是重要的转折关头，如首次择业、选定职业锚、重新择职等，具有强职业决策能力和决策技巧十分重要，个人在选择、开发职业锚之时，必须着力培养和提高自我职业决策能力和技术。

所谓自我职业决策能力，意指个人习得的用以顺利完成职业选择活动所需要的知识、技能及个性心理品质。具体讲，要培养和提高如下方面的职业决策能力：①善于搜集相关的职业资料和个人资料，并对这些资料进行正确的分析和评价；②制订职业决策计划与目标，独立承担和完成个人职业决策任务；③在实际决策过程中，非犹豫不决、优柔寡断，而是有主见，能适时地、果断地做出正确决策；④能有效地实施职业决策，并克服实施过程中的种种困难。

职业决策能力运用于实际的职业决策之时（如职业锚），需讲求决策技术，把握决策过程。首先，搜集、分析与评价各项相关职业资料及个人资料，这一工作即是几种职业选择途径的后果与可能性的分析和预测。其次，对个人预期职业目标及价值观进行探讨，澄清、明确和肯定个人主观价值倾向与偏好当为首要，否则无法做出职业决策。最后，在上述两项工作基础上，将主观愿望、需要、动机和条件，与客观职业需要进行匹配和综合平衡，经过权衡利弊得失，确定最适合、最有利、最佳的职业岗位。这一决策选择过程，是归并个人的自我意向，找到自己爱好的和擅长的东西，开发和发展一种将带来满足和报偿的职业角色的过程。

2. 组织对职业锚的开发

职业锚虽然是员工个人的职业定位或者长期贡献区，但是，员工能否实现自己所渴望的锚位，并非完全取决于个人，组织是否提供其职业发展和定位的顺畅通道，是决定性因素，组织对员工个人职业锚的开发与实现，有举足轻重的作用。从组织角度讲，如何积极进行职业锚的开发呢？

第一，分配给员工以挑战性工作，给其准备建立职业锚的机会。员工虽进入企业不久，但是，组织需要对其充满信任，大胆使用，敢于分配其富于挑战性的工作。例如，独立完成某一项具体工作任务；主持某项工作，成为该项工作小组的临时负责人；担当比较重要的、关键性的工作任务，或者某项要求高、时间又紧迫的工作任务；承担某项技术性较强的工作等。通过富于挑战性工作，一是给员工以展现自己的机会；二是员工获得真正审视、了解和评价自我的机会；三是组织较为全面真实地考察和评定员工的机会。与此同时，初次工作的挑战性，易使员工热爱自己的职业工作，有利于其职业锚的选定，并且使其在今后的职业生涯中保持旺盛工作热情，增强工作能力和竞争力，并清楚地意识自己的重任，正是这种清醒的意识，促使员工获取事业的成功。

第二，帮助和指导员工寻找职业锚。员工职业发展和锚选定的责任，最终还是落实于员工个人，组织的任务就是适时地为员工提供帮助和指导。可以举办讲习班，分两个过程。

第一个过程，帮助员工从实际工作经验中正确了解、认识和评价自我。具体分三步：第一步，收集个体的具体资料。可采用美国哈佛商学院的研究成果所表明的六种方法：写自传、志趣考察、价值观研究、24 小时日记、与他人面谈、生活方式描述。第二步，组织从收集的资料中，归纳出一般结论。这是一种从特殊到一般的归纳推理法，得出结论：员工有不同类型，如有事业型的，有生活型的，有技术操作型的，有管理指挥型的，有创新型的，有安于现状、求稳求安全型的，等等。第三步，帮助员工从他们自己所提供的大量信息资料中，逐渐认识自己的一般形象，继而与组织归纳的一般结论对照比较，对自己做出全面结论，得到一个较为全面、客观、真实的自我评价。

第二个过程，将员工自我评价结果用于员工职业指导。①在第一个过程自我评价之后，组织，如各部门经理开始找下属谈话，了解员工职业愿望与要求，了解他们欲抛锚的职业目标。②根据员工自我评价结果，帮助他们分析适宜于哪种类型和哪一种职业工作。③将员工职业锚目标、适宜的工作记录下来，以作为组织为员工开辟职业通道的信息资料与依据。

第三，为员工建立职业锚设置通道。主要是以下五项工作。

第一项工作，通过对员工工作实践的考察和员工个人评价结果的信息，综合了解、把握每个员工职业景况：①职业追求、愿望、价值观、抛锚职业目标；②职业工作能力（体能、智力、知识、技能，以及人际关系能力和工作所要求的诸多其他具体能力）；③员工所适宜的职业工作（一种、两种或多种）。

第二项工作，组织职业岗位的梳理和广泛的工作分析研究，确定职业需求。首先，分析、研究工作，进行职业工作岗位分类：不动岗、空缺岗、近期调换岗、转换岗，而后就发生变动的工作岗位，确定其实际需要，特别是制定需求的具体标准和条件，以及工作要求规范。

第三项工作，员工个人目标与组织需求相匹配。在上述职业岗位需求确定的基础上，在对个人职业工作综合掌握的前提下，将二者做对照分析，当企业未来需要与员工能力及职业锚目标大约相一致时，组织将每个员工的职业锚目标结合到工作目标中，使二者相结合、相匹配，从而帮助员工对号入座。

第四项工作，为每一员工设置职业锚通路，并制订实施计划。经过上述三步工作，已经确定了员工职业变动或职业锚位，继而应当设计其变动时间，通过怎样的程序发生变动以及促使员工抛锚定位的措施等。总之，为员工实现职业抛锚制订切实可行的计划和实施方案。

第五项工作，实施计划方案。应当依照既定计划实施方案落实兑现，或者使员工尽快到达职业锚目标岗位，或者委以重任，或者适时升迁……以使员工顺畅地建立起自己职业工作的长期贡献区。

六、基于人性的职业开发管理

所谓人性，即人通过自己的活动所获得的全部属性的综合，是现实生活中的人所具有的全部规定性。人性内容有两大方面：①自然属性。人与动物同源，有其自然的生物遗传、生理成长和变化过程，有其自然的本能。但人不同于动物，不是自然本性的奴隶，而是可以控制、利用、改造外部自然，改变自己本能的生存条件的。②心理属性。此为社会属性方面，是人的认知、情感、意志、能力、气质、性格、需要、动机、兴趣、态度、理想、信念、价值观等总和，这是人性的核心和实质所在。

传统企业的劳动人事管理，劳动者被视为如同物质生产要素一样的生产客体，被当作活的生产工具、手段，而不是被作为真正的人来看待，人性事实上被人为地扼杀。在雇主的眼中，员工个人职业生涯开发根本不存在，其进行的职业管理，完全是榨取员工血汗、实现利润最大化的唯一目的。现代人力资源开发管理，人性被视为其理念基础，即人力资源开发管理理论的建构和方法的设计，以对人性的一定看法为基础。以人为本，重视人、尊重人，重视人性、尊重人性、遵从人性，成为现代企业人力资源职业开发与管理的理念、出发点和实践行为标准。显然，这是对传统职业管理的革命和巨大创新。

第二节 人力资源招聘创新实践

一、大数据背景下的企业招聘创新实践

随着大数据时代的到来，人们的生活也发生了翻天覆地的变化，大数据逐渐在教育、医疗、科技、建筑等方面也全面地普及起来。随着经济的发展，我国企业之间的竞争也愈演愈烈，各个企业逐渐地加入到人力资源的争夺"战争"中，企业人才招聘也越来越被重视。在大数据时代下很多企业招聘的方式不再局限于人才市场招聘、校园招聘等方式，而是通过互联网技术进行人才招聘。目前为止，网络求职者的数量连年上升，几乎已突破了我国青年网民的一半。因此，企业一定要加强对网络招聘的重视程度，并对现有的网络招聘方式进行进一步的创新和完善。

（一）大数据时代企业招聘模式的转变

1. 企业传统的招聘模式

在大数据网络还没普及的时候，我国企业进行招聘的方式主要包括人才市场、学校招聘、媒体公开招聘，企业内部招聘以及中介招聘等，传统招聘较为注重应聘人员是否专业对口，是否符合企业招聘标准等，但是传统的招聘多由面试官凭借自己的主观经验进行对应聘者的筛选，很可能对于应聘者的思想素养、心态等没有进行更深入的测试，应聘者也未对企业的规模、岗位等进行全面的了解，而且传统的招聘方式会受到空间和时间的限制，无法为企业争取到更多优质人才资源。

2. 大数据互联网时代下的企业招聘模式

大数据互联网时代下企业招聘模式指的就是网络招聘模式，企业一般在网络上将需要

招聘的岗位、人数、基本薪资待遇范围、公司规模信息等进行发布，发布后企业可以在求职者简历库中进行符合企业先关岗位的人才筛选，然后通知其进行面试和笔试，最终招聘到适合企业的人才。进行网络招聘的方式一般可以分为两种，一种是在企业内部网络上进行招聘信息的发布，另一种方式就是跟招聘网站进行合作，比如说58、BOSS直聘、智联招聘等，这些网站都已经具有成熟的招聘系统，也被广大求职者所熟知。

现在网络招聘的重点在于大数据技术的应用，大数据技术的应用使得人才资料的筛选变得更快速和精准，也有效的解决了对人才简历的收集问题，可以对人才简历进行精确的分析，为企业推荐更加符合要求的人才。很多企业更是建立了对招聘信息进行管理的技术，实现企业的智能化招聘，一是先通过大数据的分析，将优秀人才的资料进行存库，然后在将求职者的求职简历跟企业需要招聘的岗位进行匹配，进一步提高人才和企业的匹配度；二是对求职者的工作经历、能力和素质进行测试并计算出最后的评分，然后再根据岗位需求找出最适合的人才；三是对招聘企业和求职者贴上数据标签，对企业单位岗位和应聘者求职意向进行双向匹配。

（二）大数据时代下招聘模式的创新策略

1. 确保招聘工作的专业性

我国企业在进行招聘时，人力资源部门的工作人员对人才的选择主观性较强，对于应聘者信息的掌握也不够全面，一些重要的信息点可能会忽略掉。因此，企业就要利用现有的大数据技术对招聘方法和模式进行创新，相关管理人员和工作人员也都要摒弃传统思想，对自己的招聘方式进行创新。随着我国信息化的发展，大数据的信息量是巨大的，对于如此庞大的数据库进行分析，可以帮助企业更加理智的进行决策，企业人力资源部门除了改变原有的传统思想外，还要不断地提高自己的招聘能力，不断提高自己应用大数据技术的水平，为企业招聘更为优秀的高素质人才。

2. 利用信息化技术进行智能招聘

大数据时代下，很多企业都已经认识到信息化技术的重要性，以及其对公司发展的积极作用，因此目前一些企业已经开始建立了对招聘信息进行管理的技术，实现企业的智能化招聘。但还是有一大部分的企业没有将信息化技术和企业招聘进行结合，跟不上社会的发展步伐，要解决这一问题，为企业的长远考虑，降低企业的人力资源成本、招聘到更多的优秀企业人才、提高企业人才的核心竞争力，企业就应当重视对信息化技术的应用，紧随社会的发展步伐，将信息化技术和人才招聘进行结合，通过信息技术对应聘者的信息进行客观的分析并全面掌握，同时尝试建立招聘信息管理技术系统，通过大数据的分析和应用，进一步提高人才和企业的匹配度，使得企业招聘具有客观化和理性化的特点。因此说信息化技术对于企业进行智能化招聘有着积极的推动作用，企业人力资源部门的管理者一定要高度重视，将其应用到人才招聘中。

3. 加强社交网络招聘力度

很多企业在进行招聘时采用了报纸、杂志等，这些招聘方式虽然在一定的程度上对企业的招聘需求进行了传播，但是却存在应聘者不能直接进行沟通了解的弊端，这就阻碍了企业的招聘工作，造成了招聘效率低、成本高的问题，对企业的发展没有起到好的作用。针对这一问题，企业应就自己之前的招聘方式进行反思，并做出相应的改变。例如企业可以通过现代社交网站进行企业的招聘工作，这一招聘模式可以让企业在网络上跟有意向的求职者直接进行沟通，并通过大数据的分析，选择出和企业工作岗位最为匹配的求职者。根据社交网络中求职者浏览信息的记录和求职者的个人信息，分析出求职着的爱好、兴趣、特长以及工作能力，筛选出最适合企业的优秀人才，这样不仅降低了企业招聘的成本，对人才的选择范围也扩大了。因此，企业一定要重视对互联网技术的应用，利用社交网站更好的进行企业人才的招聘，提高企业招聘的效率，并为企业招贤纳士，提高企业的人才核心竞争力。

大数据时代的到来，为我国企业招聘带来了积极地推动作用，因此企业要转变观念，适应变化，突破传统招聘模式，结合现代化信息技术，进行招聘模式的创新，为企业招聘到更多优秀的综合型技术人才，促进企业的可持续发展。

二、移动互联背景下的人才招聘创新策略

在移动互联背景下，人才招聘工作形式呈现多样化。但是目前移动互联条件下人才招聘工作仍存在招聘理念和方式落后、未建立人才资料库、职位分析模式缺乏创新、招聘工作没有数据保障、招聘方式落后、人才选择程序繁琐等问题。

（一）构建完善的信息化人才资料库

在移动互联背景下，信息化已经成为许多行业发展的方向。人才作为知识的载体，作为重要的生产要素和资源在全球范围内快速流动，在这场变革中，数据成为了重要的生产要素，信息化程度或水平高的企业可以通过先进的信息技术快速获取高质量的信息，随时随地获得信息反馈，并根据工作人员的建议调整企业的决策方案，有利于企业领导者作出正确决策。企业的管理者若想提高整体工作效率、提升人力资源管理水平，就需要充分了解移动互联信息技术的特点、应用范围，转变管理理念，创新招聘方式，应用先进的移动

互联信息技术，消除外界不良因素对人才招聘工作的影响，推动人才招聘工作的顺利开展。基于此，企业管理者需要构建完善的信息化人才资料库，在短时间内可以及时了解企业具体的人员结构以及人员变动状况，获得人员的实时信息，优化人才管理服务流程，提高人才服务效率和水平。当人员出现变动时，管理者可以在第一时间内发现并且快速分析职位需求，开展人才招聘工作，及时填补职位空缺，避免职位空缺对企业发展造成不利影响。

（二）为招聘工作提供数据支持

职位分析是开展招聘工作的基础，在职位分析过程中，企业管理者可以借助信息化人才资料库和移动互联信息技术实时分析企业具体岗位的变动，评估应聘者与职位的匹配度，进而推动人才招聘工作的顺利开展。职位分析的主要内容是工作内容及岗位需求的分析；对岗位、部门和组织结构的分析；对工作主体员工的分析。借助于职位分析，企业管理者能够充分了解每一个工作岗位上的人目前所做的工作，可以发现职位之间的职责交叉和职责空缺现象，并通过职位及时调整，根据企业的需求制定相应的招聘计划。招聘计划的制定离不开客观数据的支持，管理者通过客观数据才可以明确企业的管理目标以及对人才的具体要求，切不可盲目制定招聘计划。

第三节　人力资源管理创新探索

一、人力资源管理的新特点

人力资源管理模式是 20 世纪 80 年代才出现的理论。在人力资源管理模式提出来之前，人力资源管理（实际上是人事管理）之所以不受重视，有许多原因。第一，人力资源管理本身不可能成为企业的目的，企业绝不会为了招聘雇员或者为了培训雇员而存在。企业存在的目的是在生产满足顾客需要的产品的同时生产利润；或者通过在一定的成本下提供服务（如治疗病人或教育孩子）来满足顾客的需要并同时生产利润；第二，人力资源管理长期以来缺乏可测量性，而商业世界从来就是讲究成本与收益的；第三，人力资源管理的效率需要比较长的时间才能发挥，而且很难测量，这大大降低了雇主对人力资源项目和活动进行投资的积极性；第四，人力资源管理者缺乏专业性技能。长期以来，从事人力资源管理的人员都是没有受过正式的人力资源管理专业教育的人，这些人员充斥人力资源管理部门，必然降低人力资源管理的水平和服务质量，使人力资源管理成本上升。

　　尽管如此，人们很早以前在理论上就已经形成了一个构建新的关于人的管理理论的框架和研究模式的基础，这些理论的准备包括哲学上的人本主义，经济学上的人力资本理论，会计学中的人力资源会计计量，心理学和行为科学在管理学上的广泛运用，法学对与劳动相关法律的大量理论研究等。与此同时，大量的实证研究材料也在积累、分析和出版之中。所有这些为人力资源管理研究者采取新的视角和研究框架，提出人力资源管理模式和战略性的人力资源管理都有重要的支持作用。

　　人力资源管理模式最早是由美国哈佛商学院的几位年轻教师提出的。这一模式一经提出就获得了广泛的国际重视，短短 20 年时间，人力资源管理就从一门新兴的学科，一跃成为当今管理科学的一门显学，这在很大程度上是因为它比较好地解决了上述的问题。由于人力资源管理理论和实践工作者的努力，人力资源管理活动和其效益变得越来越可测量，人力资源管理越来越寻找到影响企业利润的切入点，使人力资源管理完全改变了自己的形象，越来越多的专业管理人员的出现，也大大提升了人力资源管理中企业效率的贡献。

　　我们认为，人力资源管理的理论研究和在企业的广泛实践，实际上实现了人类在工作地生活的一次革命。人类的生活可以分为家庭生活和工作生活两大部分。在 20 世纪初，人类就通过婚姻革命解放了在家庭生活方面的束缚，使人类的家庭生活向以人为本的方向迈进了一大步。但是，人类在工作地的生活质量却长期很低，资本家对利润的追求常常是通过对工人的超额剥削实现的。为了改变这种状况，人类有良知的研究者进行了长期的探索，许多开明的资本家也进行了许多有益的尝试，劳动者阶级也为此进行了长期的斗争，付出了惨痛的代价，人力资源管理模式的提出正是所有这些努力的结果。这一模式的提出和广泛地在企业中运用是人类对工作生活进行管理的一次革命，对人类在生活中全面实现以人为本的管理具有重大意义。

　　人力资源管理使对人的管理在企业管理中的地位获得了一种重新定位。第一，人力资源管理者成了企业战略的参与者和制定者；第二，人力资源管理者成了工作组织和实施方面的专家，成为保证管理的有效性，从而实现降低成本和提高质量的专家；第三，人力资源管理者成为雇员利益的代表者，在高层管理者中积极地为他们代表的利益说话，同时努力增加雇员所做的贡献，也就是增进雇员对组织的效忠和雇员做出成果的能力；第四，人力资源管理部门成为一个持续变革的机构，通过对企业文化管理过程的调整来增加企业实现变革的能力。

　　如果人力资源管理能够真正实现这些变化，那么人力资源管理就真正是在向过去告别。在今天的大多数企业中，人力资源管理所扮演的主要还是政策"警察"和规章制度

"看门人"的角色，人力资源管理所负责的只是处理招聘和解雇的文件、执行由别人制定好的薪资决策。还有一些企业，人力资源管理也许会被更多地授权，但也不过是监督招聘过程，管理培训和开发项目以及提供提高工作效率的建议，而人力资源管理与一个组织的真正的工作看上去是没有联系的。人力资源管理的新角色意味着人力资源管理的行动将有力地使企业提供的产品和服务更好，使股东的利益得到增长。

企业的人力资源部何尝不愿意实现这样的变化？但是，这不是一个人力资源部自己就能实现的变化。实际上，人力资源角色转化的主要责任不在于人力资源部自己，而在于企业的首席执行官和每一个"直线经理"。在企业中，直线经理对企业的生产经营过程和结果都负有最终的责任。他们对股东负着增加股利的责任，对消费者负着保证产品（或服务）质量的责任，对雇员负着增加工作地之价值的责任。实际上，正在将人力资源活动整合到企业现实工作中的也是直线经理。因此，这里就必然引出一个问题，即直线经理与人力资源管理者"抢饭碗"或"功能争夺"。为了更好地完成自己的任务，实际上直线经理也必须使自己成为人力资源的管理者。人力资源管理模式的提出，发现了企业上层管理者的人力资源管理功能，这意味着人力资源必然成为一个充满创造的领域。

二、人力资源管理创新的内容

人力资源管理的创新可以分为理论创新和实践创新两大部分，这一点，长期从事经济学研究的学者有深刻的体会。经济学的创新可以说更多的是从理论这一方向进行的，而在管理学中，实践者的创新常常占据更重要的地位，而且经常引导着理论的发展。理论与实践的相互作用在这一学科中体现得更突出。

我国目前确实需要一部全面梳理国际人力资源管理理论和实践创新的著作。这样的总结有利于我们直接切入国际人力资源管理理论和实践的最新成就，有利于我们根据我国国情进行自己的人力资源管理理论和实践上的创新。

我们认为，在理论创新方面，最大的成就是人力资源管理模式的出现。在理论上的其他创新还包括对人力资源管理活动和项目效率的测量和评估；诊断性人力资源管理模型的提出；战略人力资源管理的提出；对人力资源管理工作基础的新认识；人力资源开发作为独立学科的出现；人力资源管理与竞争性优势模型的提出，等等。

自从人力资源管理模式提出后，发达国家在人力资源管理的实践方面进行了许多的创新，从人力资源的招聘、筛选、录用，到人力资源开发（培训与开发），从绩效评估到对产业安全和健康的新认识，从新的薪酬福利的设计到虚拟的人力资源管理等多方面都有创新。

自从出现了独立的人力资源管理学科和部门后，人力资源管理本身一直处在一个快速转变的状态，无论是在理论上还是在实践方面都是如此。

三、战略性人力资源管理相关研究

（一）战略性人力资源管理的内涵及特征

作为人力资源管理研究的一个分支，战略性人力资源管理研究致力于探讨组织人力资源管理职能在支持公司业务战略中发挥作用和体现价值的方法途径。亨利等人认为，所谓战略性人力资源管理就是将组织的人力资源活动、政策与组织的外在业务战略相匹配。赖特和麦克·马汉则将战略人力资源管理定义为，为促进组织目标的达成，在人力资源方面的规划设计及其相关的管理活动模式。斯内尔、温特等人认为，战略人力资源管理是为获取企业竞争优势而为组织员工所设计的人力资源管理整合系统。赖特和斯内尔强调战略性人力资源管理的两个核心特征，即适配性和适应性，其中包括纵向适配和横向适配。前者指人力资源管理活动与组织系统其他管理层面间的协同交互效应，后者则指组织所采用的人力资源管理系统内部各项政策、措施和实践活动之间的一致性和协调性。纵向和横向适配共同作用，才能保证组织提高灵活适应外部环境变化的能力，贝克尔等人还强调了组织人力资源管理职能不仅要重视业务层次的产出，更要成为组织的核心能力的一部分，进而成为塑造、保持和提升企业竞争优势的组织管理体系。

（二）战略性人力资源管理与组织资源观

赖特等人指出，组织、资源观在人力资源管理与组织战略研究的关系之间扮演着关键角色。这种观点强调在选择、开发、整合与处置组织资源中组织的内部运作和管理者所扮演的中心角色，而不仅是在组织运作环境中确定一个竞争地位。企业资源观（RBV）将组织战略的关注点从组织的外部因素（如行业定位）转移到组织内部资源上来，将组织内部资源看作企业竞争优势的源泉，而对现代组织而言，不论是有形资本还是无形资本，都是建立在人力资本基础上的。进一步强化企业员工对企业成功的战略重要性，从而也就推动了人力资源管理职能在组织中地位的上升。战略性人力资源管理将员工视为企业的战略性资源，认为要提升公司绩效首先应投资于组织员工，而人力资源管理策略没有优劣之分，其发挥作用的关键在于人力资源管理与组织系统要素及管理情景的匹配，如果一个公司没有建立战略性人力资源系统，或者制定组织战略时未考虑组织人力资源因素都可能损害其竞争优势。

　　基于 RBV 的理论认为，现代组织资源观与战略性人力资源管理的联系体现于两个方面，既突出了战略问题中人力资源的角色，增加了战略性人力资源管理与实践研究的必要性，也强调了人力资源实践和管理对组织资源的影响效应。基于 RBV 观点，赖特提出了一个战略性人力资源管理系统的构件模型。赖特指出，有效的战略性人力资源管理应包括组织人力资本库（组织所具备的知识、技能与能力的总合）和人力资源管理实践（对人力资本库加以利用的相关活动的总称）两部分，只有两者进行互动作用才能产生良好的员工关系与行为，并最终导致组织竞争优势。模型表明，持续的竞争优势并不是单一的，或孤立的管理组件的函数，而是人力资本诸元素，如技能的发展、战略相关行为和员工支持管理系统等的组合。其中，组织动态能力、知识管理和智力资本可以整合在组织资源观点的框架之内，它们是人力资源管理实践构造企业竞争优势的中介变量。可以说，组织资源观点的发展持续推动了企业战略人力资源管理活动的开展。

四、人力资源管理创新

　　在当代经济发展浪潮中，有一种新的企业模式——知识型企业已经产生，并不断发展壮大。而且，随着知识经济的不断发展，知识技术在经济发展中的比重逐渐增强，知识型企业将会成为未来企业发展的重要模式。在当代，知识已经逐渐成为企业管理过程中的一个最重要因素，而知识员工也将是企业发展过程中最重要的资源，知识将成为企业发展的主导性力量。因此，在这一背景下，知识型企业中对人力资源的建设和管理也必须不断创新以适应市场的发展，达到建立新机制的目的。知识型企业的生产要素往往由智力资本和物质资本两部分组成，而知识型企业对智力资本的依赖往往大于其他类型的企业。因此在当前形势下，研究企业的人力资源这一重要的知识资本的管理创新具有一定的现实意义。

　　总的来说，国内对知识型企业及其人力资源的研究可重点分为以下几项：①知识型人才及知识型企业在当今社会的发展趋势。知识型企业是传统企业在信息时代背景下所发展的必然模式，而知识经济在这一过程中占主导地位。②对知识型企业所蕴含的共通点进行分析。知识型企业以人的知识、能力作为企业发展的首要资源，知识资本的重要性在企业发展过程中逐渐凸显。③知识型企业网络化的组织架构。知识型企业与传统企业不同，其人员组织架构更加网络化，各部门联系沟通更加方便和紧密。④其他方面的研究。知识型企业人员的特征、知识型人员的绩效考核方法、知识型企业的发展和转化等。

（一）我国知识型企业人力资源管理理论创新

1. 人本主义回归

传统人力资源管理的侧重点往往放在有效的工作时间内提高员工的工作能效上，很少注重员工自身的发展和其主观需求。随着社会的发展和进步，新时代的知识型人力资源管理应该不断与时俱进、开拓创新，把管理重点转移到员工的价值实现上来。传统人力资源的管理方式是以教条主义的方式不断设立和健全规章制度，对员工提出工作场地的相关要求、工作时间的相关要求和工作成果的相关要求，这些要求的出发点都在于企业本身，其目的都是维护企业自身利益，如促进企业的生产和销售。虽然这一点也是现代人力资源管理必须注重的方面，但现代人力资源管理更强调在工作中人的全面发展，并以人的发展来推进企业的发展。因此，我们在现代人力资源管理过程中，主要强调人文精神的回归，将人文精神的概念引入人力资源管理。在人文精神中，"人"的概念是相对"神"和"物质"而言的。从马克思主义哲学的角度我们可以看出，"神"主要是强调精神世界，是虚无和违和的，我们在这里主要讨论"人"的概念和"物质"的概念。人本主义主要强调两个方面：一个是根源，一个是根本。根本在古汉语中的意思与结束和末端相对，而人本主义也是由这一意思发展而来的。"以人为本"的思想是根据人本主义的观点提出，其大意是"人"的存在作为事务发生的本源，人比物更加重要。只有对"人本主义"进行深入了解和分析，我们才能更为透彻地将"人本主义"的理论带入现代知识型企业的人力资源管理中去。但"人本主义"发展的目的不是要求企业无条件牺牲自身的发展利益为人的发展创造价值，不是全然放松对人的约束，而是把员工放在企业发展战略的首要位置，关注员工的需求，尊重员工的情感要求，而不是把员工当作劳动的机器。在企业的人力资源管理中实现"人本主义"是对人力资源的理论创新和管理实践，以这种更为创新的管理推动企业的发展，因为人具有社会性，所以其拥有不同的感情需求，这就更需要企业给员工提供尊重、信任、价值，使人们与企业产生相互作用，愿意为企业做出贡献。企业的发展全面呼唤"人文精神"的回归，而企业为了实现自身价值和战略规划，也必须注重对人才的全面培养。

知识型企业人力资源的管理创新以"以人为本"为前提，对才华横溢的员工不进行硬性约束，尊重他们的独特个性，给他们以更大的发展空间，使他们更好地发挥自己的创造力和想象力。这种"以人为本"的管理创新说到底就是放弃传统人力资源教条化、死板化的管理模式，在工作中实现人性化和弹性化的管理，为员工构建一个更加宽松的工作环境，将更多的企业权利下放到每一位员工手上，使他们热爱工作，享受工作，在一个更加融洽的工作环境里施展才华，努力工作，以实现自身价值和企业价值。

2. 构建"全球化"和"融合性"

随着人这一资本的作用在企业中不断凸显，知识型企业的管理者也越来越重视人力资源管理的重要性，人力资源管理在当下已经成为企业发展战略的一个重要组成部分，并在企业发展过程中具有强大的不可代替性，并能调动员工在工作中的主动性和积极性。

人力资源可以说是知识型企业发展的重要依托，当下在知识型企业发展过程中我们可以从几个角度对人力资源发展战略进行创新性构建。

第一，人力资源全球化。随着经济全球化的发展，知识型企业的市场不再仅限于国内，他们要参与到更加激烈的市场竞争中来，这就要求企业所配备的人才不再限于国内，更应从国外引进人才，了解国外的知识技术和管理方式。但国际人才的成本往往数倍于普通人才，由于其生活习惯和国籍限制，国外人才在企业的发展有着很大的局限性和不确定性，因此企业在实现人力资源全球化战略的同时，应主动考虑各方面因素以实现对人才流动的风险控制。

第二，促进企业的文化融合。促进企业的文化融合是未来人力资源的管理趋势，国家文化和社会文化构成了人们不同的文化核心，知识型企业只有充分尊重和承认每一个人所具备的独特文化，并在企业中对这种文化进行包容，员工才能与企业共存。文化的全球化是经济全球化的表现之一，只有实现对文化的包容和融合，并真正给予这些文化生存和发展的空间，企业才能得到良性的发展。

第三，管理结构的网络化。企业间结构网络化包括纵向网络和横向网络，纵向网络即由行业中处于价值链不同环节的企业共同组成的网络型组织，例如供应商、生产商、经销商等上下游企业搜没之间组成的网络。这种网络关系打破了传统企业间明确的组织界限，大大提高了资源的利用效率及对市场的响应速度。横向网络指由处于不同行业的企业所组成的网络。

3. 战略性人力资源管理

对企业人力资源管理的战略性研究已经在企业发展中占据越来越重要的地位，这方面研究也已在我国知识型企业中获得一定成果。与传统人力资源相比，战略性人力资源管理具有明显的时代特征：一是将人才战略的制定放在企业首位；二是从人的角度制定企业发展战略，而不是要求人去适应企业的发展。

当前战略人力资源管理在国内的知识型企业有所发展，但其应用效应却与实际相差甚远，这种现象的原因：一是在于企业的战略性人力资源管理缺乏系统理论，在实际操作中更缺乏经验的指导；二是由于企业缺乏专业的战略眼光和知识，不能有效地使企业发展战略和人力资源管理相结合；三是很多企业无法从传统的人力资源管理模式中发展创新，走出一条属于自己的道路；四是很多企业的战略人力资源管理只存在于理论层面，而没有放在实践中进行检验。为保证企业当中战略人力资源管理的可行性，并能与现代企业相结合，战略性人力资源管理在发展过程中必须注意以下几点：第一是战略性人力资源的管理需要多元化的发展，只有进行理论创新，才能指导战略人力资源实践的发展；第二是战略性人力资源是一个不断发展创新的过程，我们只有不停地突破原有局限，对现有资源进行优化，才能达到战略性人力资源的管理创新；第三是扩充战略性人力资源管理的意义，将知识型企业的人力资源管理放在一个大的发展背景下，根据整体规划进行探索发展；第四是企业人力资源管理者应该将企业发展规划着眼于国际舞台，在世界范围内寻找合适人才。

（二）我国知识型企业人力资源管理机制创新

1. 人才机制的创新

在知识型企业中，员工的离职往往是因为想更好地实现自身价值，而这对于企业来说也未必完全是一件坏事，企业可以通过人才的流动吸收新鲜的知识和血液。但是稳定的人才基础又是企业发展中不可缺少的一部分，所以如何留住知识型人才对知识型企业来讲颇为重要。

第一，良好的发展通道。在知识型企业中，员工价值的体现依托于企业的发展，企业走得越远，员工的自身需求和价值就越容易实现。因此，若知识型企业想要留住人才，建立完善的人才储备，就应该为知识性人才构建完整的上升通道和发展通道，并将这些通道和员工的个人意愿结合起来，为每一位员工规划职业远景，使员工在工作中看到企业发展的生机和活力，更看到自身发展的空间，并主动成为企业发展中强有力的中坚力量。

第二，积极向上的文化氛围。企业文化是企业运营机制和管理机制的核心，是凝聚员工的最强大的向心力，也是一种约定俗成的力量，企业文化在企业发展过程中起到凝聚、约束、整合和引导的功能。企业文化为企业塑造了一种积极向上的文化氛围，并用这种文化氛围去感染员工，使员工认同企业，加强了员工与企业之间的联系。

第三，完善的心理疏导。知识型企业在发展中对员工的需求进行越来越细致入微的满足，而情感需求和心理疏导就是未来知识型企业人力资源发展中不可缺少的一部分。知识型员工对企业的情感需求往往比普通员工更加细腻，他们追求丰富的情感需求和情感认可，所以更容易在工作中受个人情绪的影响。现代知识型企业应该对员工提出完善的理疏导方案，解决员工与企业之间的情感交流问题，以增加员工对企业的认同感和依赖感。

2. 约束机制的创新

当代知识型企业中，企业内部架构更加系统化，员工不是进行传统的机械劳动，而是开始根据工作对自身时间进行合理分配，但对知识型员工这种自由的工作规划，企业也应进行有效管理。在传统企业运作中，员工在公司必须遵守严格的管理制度，这种约束机制能使企业向着正规化的方向发展，但在某些层面上也对员工的创新带来了约束。当代知识型企业在发展过程中吸纳了很多高素质人才，这些人才通过数十年的教育，往往形成了较高的自律能力，能在没有监督的情况下自己主动地完成自身工作，而对这类人才如果进行过多约束，他们会产生逆反心理，并会做出逆反行为，这样的现象更不利于企业对员工的管理。对于知识型员工的管理，人力资源部门应该建立一个更加适合其发展的管理机制，并促使他们实现内部监督，让他们在宽松的环境下，发挥自身的最大潜能。对知识型员工管理机制进行革新，给他们宽松工作环境的同时又能主动加强其自身约束，有利于建立横向的人员管理平台，更有利于企业的健康发展。

3. 激励机制的创新

相较于发达国家，我国知识型企业的人工成本普遍较低，外企进驻国内后，比本土企业更容易吸引具备高超水平的管理人才和技术人才，在与外企的人才竞争中，本土企业往往处于不利地位。在这种情况下，我国本土企业就更应该弥补自身激励机制的不足，防止优秀人才的外流。我国大部分知识型企业的薪酬制度都是传统企业的延续，对知识型员工并不适用，只有对薪酬制度进行创新，才能真正对知识型企业的人力资源管理产生有利影响，更加容易地进行人才招聘，并将有能力的员工留在企业，激发员工的主动性和积极性，鼓励员工在竞争中发挥自身潜力。因此，现代人力资源管理应该依据传统人力资源管理方法，以留住知识型人才为目的，充分发挥激励机制对人力资源管理中的作用。

对知识型企业的激励机制进行创新可分为两个方面。一方面，使薪酬待遇满足员工生存和发展的需要。在现代企业中，大部分员工都是以收入为基本生活来源，合理设计员工的薪酬福利可以在保证员工基本需求的同时，增强企业的凝聚力，加强员工对企业的依赖感。除基本工资外，员工的薪酬福利还可以包括：养老保险、生育保险、医疗保险、商业保险、失业保险、住房公积金、住房补贴、交通补贴、通信补贴、资助教育、企业补充养老保险等。企业在发展过程中适当地对优秀员工进行薪酬福利分配，可以激发员工的主动性，以更加饱满的心态参与到企业的战略规划和发展中来。股权激励的最大作用是可以将员工的自身利益和企业发展关联起来，一荣俱荣，一损俱损，使员工主动为企业的生存发展做出最大努力。另一方面，非物质激励也是激励机制中的重要组成部分，也是人力资源创新中的重要表现。非物质激励方式多种多样：带薪休假可以使员工对紧张的精神进行舒缓，更好地投入工作中来；荣誉称号可以使优秀员工的事迹被更多人熟知，形成榜样力量；心理疏导可以使员工抒发自身负面情绪，不将私人情绪带入工作中，而企业也能够更加了解员工的真实想法，创造更加和谐的工作氛围。具体来说，激励方式有以下几种。

第一，权力分配式激励。知识型企业的发展，依靠的是人力资本，物化之后就是知识型企业的管理者和付出脑力劳动的知识型员工。因其特殊的属性，故很难对其进行全面的监管和约束，这个时候就只能依靠知识型人员之间的自我调节机制。这种自我调节建立在自我约束和回报收益之上，如要获得更高的回报收益，则应该付出更多的自我约束，并在此过程中掌握更多的管理权力，以在企业财务分配中获得更多的收入。因此知识型企业往往不是一人独大，而是由多个管理者分别掌控不同区域，而企业的发展业绩也跟全员的收益挂钩，这样的权力分配更有利于企业的发展。个人在获得企业权力的过程中，不仅实现了个人财富的满足，更实现了对企业的自治，更愿意为企业出谋划策。

第二，股权式激励。股权式激励是现在知识型企业中一种普遍采用且行之有效的激励员工的做法。知识型企业中项目或任务实现的基础是知识的共享，而后再由员工组成团队以各种形式来完成，这种分享信息、共创成功的激励方式，成就了他们利益共享的激励模式，而股权的共享，则是把团队业绩的分享扩大到公司业绩的分享。股权的分配可使员工自主对企业进行管理，而股权的升值空间使员工愿意长久持股，这种行为也利于保持员工的稳定性。知识型员工的需求虽然随着经济的发展变得更加多元化，但经济利益依然是他们追求的主要方向，而股权在保证员工经济利益的同时，也赋予了其管理者的意义。在知识型企业创立初期，管理者很难许给员工高额的经济回报，但股权这种随着企业发展增值的资本却可以成为重要的激励手段，企业发展得越迅速，员工对企业的投入就更加丰富，在企业后续发展中股权持有者也获得的越多，因此这种激励方式能够很好地激发员工的主动性以提高企业的经济效益。

第三，知识共享式激励。在知识型企业中，知识取代了劳动和自然资源成了企业最重要的发展资本。根据企业重心的变化，对企业当中资金、劳动力、自然资源的合理调配变为以知识分配为主的管理方式，对知识的收集、挖掘、利用、分类、储存形成企业中有效的知识管理。因为企业的发展变得以知识为依托，而人又是重要的知识载体，所以对人的激励成为人力资源的重要管理行为。在工业经济时代，企业的发展由其劳动力决定，而企业的管理重点往往放在如何提高劳动生产率和如何增加资本增值率上，而在新的经济时代，企业的发展已转变到人的身上。比如考核知识型员工，单纯的考核其绩效是不够的，考核机制应该更为丰富和完善，考核重点应放在他们是否为公司带来新的知识，他们在团队中是否起到应有的作用，他们是否愿意向其他员工传授知识，他们是否在工作中发挥了自己的创新能力。这一切就需要在激励机制中引进知识管理，以促进创新研发和知识共享，从而使知识型员工在完成自身工作的同时，将自身知识分享和传授给其他员工，这也是知识型企业在发展过程中一直致力于解决的问题。这就需要企业人力资源建立相关的奖励机制，并加大对知识共享行为的资金投入，培养员工"知识共享"和"利益共荣"的观念，改变传统企业中绩效只与个人工作和个人成果挂钩的局面。只有使员工享受到知识共享带来的福利，认识到集体利益主导个人利益，知识共享行为才能得到延续。为了促进知识共享，企业可以通过鼓励学习小组的创立而实现，学习小组的建立可以使员工获得稳定的知识分享与获取的渠道，并以一定形式规定下来，根据知识和需求的不同类别分组，并还能将所分享的各种知识记录下来，形成系统的知识体系。而这些知识型的文本和媒体在日积月累之后，可以汇聚成企业的知识库，真正实现各类知识资源在企业内部的流通，供员工无障碍学习，这样员工在第一时间就可获得自己工作中所需要的知识，知识型员工所拥有的知识的资源利用率也被提高，这一切的结果就是企业员工的创新能力和工作能为不断加强，企业得以朝着更好的方向发展。这种基于激励机制建立起来的知识共享行为，可以使企业的发展更加扁平化，每一位员工都能获得更好的发展空间，而企业也以最小的投入使员工收获最广阔的学习环境，从而发挥员工的主动性和创造性。

4. 竞争机制的创新

知识型企业人才的培养需要依托良好的竞争机制，如果缺乏相应的竞争环境，企业在发展过程中可能更容易遭受风险的打击。故在知识型企业人力资源应主动建立企业人才的竞争机制，并培养员工的竞争意识，鼓励员工参与到企业的外部竞争和内部竞争中来，以发现他人长处和自身不足，提高自身能力。

建立竞争机制需要给员工提供平等的竞争环境，创造更多公平竞争的机会。平等的竞争环境需要人力资源对自身工作进行创新，建立更多公平公开的展示平台，使员工能够主动展示自身能力，企业也能通过这一平台挖掘潜力员工，培养合适人才，这样才能使每一位员工都能获得同等的展示机遇和发展机遇。

设立轮岗机制也是推动员工竞争的一个重要手段，鼓励知识型人员在各个岗位之间流动，熟悉公司各岗位工作流程，不仅能扩大员工之间的内部联系，更能使员工在自己的工作中进行思维发散，考虑多方面权益。员工在岗位流动中还可以激发自身潜能，发掘更适合自身的岗位，企业管理者也可以从员工轮岗过程中根据岗位挑选合适的人才。

众多研究者都对战略人力资源管理进行了理论性研究，而其中最为著名的则是博克索尔提出的人力资源的优势来源。博克索尔在研究中表述，人力资源的优势主要来自两个方面：一是人员这一资源本身的价值；二是可以对人员资本进行整合从而发挥最大化效益。当企业在发展过程中所获得的技术手段和团队资源优于竞争对手时，企业在人力资源竞争中就占有一定优势。知识型企业的人才由两类人组成：一类是有管理才能的组织管理人才，这类人才负责公司的运营管理工作、宏观指挥；另一类是有专业技术的技术性人才，这些人负责对产品进行创新，保证公司产出的竞争性。人力资源制定战略性目标最大的优势就是要将这两类人才进行整合，发挥他们在工作中的最大效用，使优质的管理推动技术的创新，技术的创新又带来优势的发展，这种对知识型人才的策略整合和利益整合，能使企业更好地凌驾于竞争对手之上。

（三）我国知识型企业人力资源管理实践

1. 人员培训手段的创新

美国著名管理学大师彼得·圣吉这样告诫年轻人，只有更新自身70%以上的知识，才会适应日益变化的社会以不至于被社会淘汰。世界上流通的知识和信息更新换代的速度不断加快，而以知识作为第一生产力的知识型企业，如果想要谋求更加长远的发展，就必须不断地更新自身的知识资源，以提升企业竞争力。知识型企业的知识来源是人，所以只有对企业中的员工进行培训，并且不断更新培训方式，才能更快地提高企业绩效，促进企业发展。

首先，要加大对人才资本的投资，使人才在企业中得到良好的培养。企业应根据员工特质、员工个性与岗位设置，开发适合员工发展的培训计划，加大对人才的关注和投资。而开发这一系列培训计划前，应该根据培训人员、培训时间、培训地点、培训课程、培训考核机制的实际情况进行制订，并对培训过程进行监督，同时对培训结果进行分析，实现培训效率的最大化，并通过培训在提升员工工作能力的同时，满足员工自身需求，为员工的进步和企业的发展创造条件。

其次，合理的训练方式。在知识型企业的成长与发展过程中，对企业起到推动作用的员工往往有着较高的文化教育水平，所以他们在自身发展中所追求的不仅仅是物质利益，更是丰富的精神世界和自我价值的实现。而传统的人力资源训练方式往往不能与知识型员工的需求相匹配，这些培训对他们来说往往枯燥而毫无意义。在面对知识型员工训练时，人力资源管理部门应该注重对培训方式的革新，加大对培训的投入，以创新的培训机制吸引知识型员工主动参与其中。人力资源部门可以更多地利用互联网、多媒体、远程教育、云计算等先进手段和平台，实现知识的交互性运用，使员工能够随时随地、不受空间和时间的约束进行自助学习，并且能够通过以上方式与企业进行互动。

最后，使培训机制与实际应用相结合。培训员工不是企业发展的最终目的，企业的目的是以培训为手段和通道，在有限的人员配备当中实现人的潜能最大化。要使培训与实际应用相结合，必须了解员工的个人发展需求，并对企业欠缺的部分和岗位做出分析，找出共通点，此为基点，在实现员工自身价值的同时完成企业发展的目标。

在具体的培训手段方面，应该从以下几个方面进行创新。

第一，培训理念的创新。如果知识型企业想通过对员工的培养，使员工发挥最大潜能，以促进企业的发展，就应该加大对培训工作的重视。当前很多企业都不注重对新员工的培养，在对员工的招聘过程中，也根据同一经验和同一流程进行招聘，并不根据同一岗位的不同效用进行区分，未将人力资源管理的理论付诸实践。如要改变这一现状，就必须在将员工进入企业之后，对其岗位职责进行培训，帮助其了解企业文化，使其融入团队，真正使培训达到应有效用。

第二，各部门对员工培训进行细化。在传统人力资源范畴中，仅仅由人力资源部门担任培训的责任，对新员工进行专业技能、企业文化、工作流程、岗位职责、管理规定等各个方面的培训，但这种培训方式往往会出现很多问题。例如，人力资源部门对员工进行的培训只是表层理论上的培训，很少会对员工的工作产生实际效用，同时人力资源的培训课件也不一定能与部门实际工作相匹配，故培训效率会大打折扣。因此，知识型企业在对员工的培训中，可以选择让人力资源管理部门进行企业文化方向的培训，而将专业技能方向的培训交给员工的相关任职部门，这样有利于知识技能的直接传授，也减轻了人力资源部门不必要的工作。

第三，使员工在培训中的角色从接收者变为参与者。在传统的人力资源培训过程中，员工只是被动接受人力资源部门的培训，按照培训师的要求完成各项任务，培训师在培训中扮演主要角色，通过现场培训的方式将相关内容传授给员工，这种情况下，员工往往亦步亦趋，很少有主动性思维，并不愿意主动考虑问题。知识型企业人力资源在发展过程中，强调员工参与培训的主动性，要求人力资源部门在员工培训中起引导作用，使员工主动参与到培训中来，主动学习技能，提高自身素养。在培训中，新型人力资源管理往往会主动调动员工积极性，让员工主动参与到培训中来，并就培训内容咨询员工意见，使员工在培训中得到发展和成长。

第四，改变培训方式。传统人力资源的培训模式是在办公室中利用视频播放器等媒体进行一对多的教学，这种教学方式较为枯燥，不易为员工所接受，员工只是单纯地接受知识，很少进行反思或实践，故这种培训方式的培训效果往往小于预期。知识型企业人力资源的培训方式应该多元化，并在培训中加强多方面内容，培训地点也可以从室内转变为室外，每一位员工都可以成为培训的讲师，主动参与到企业培训中来。

2. 绩效管理创新

对绩效的管理主要是为了激发员工的潜力，使他们能全身也的投入工作中去，使企业的效能达到最大化，而知识型企业的绩效能力更应该以科学为前提，使员工感受到公平与公正，这样企业的管理才能达到激励员工的目的，鼓励员工发挥自身的最大价值，帮助企业的发展。建立合理的企业绩效管理：第一，必须建立与员工实际需求和企业发展相符的绩效管理制度，并制定详细的细则，在绩效管理的制定过程中，还需要企业的管理者和员工共同讨论，使所制定的绩效能够最大限度地满足企业和员工双方的利益；第二，企业的绩效管理还需要建立良好的工作平台和工作环境，并对员工的合理要求进行满足，以鼓励员工认真工作；第三，绩效管理考核的科学性，合理的绩效考核管理有助于提高员工工作的积极性，促进企业的发展；第四，绩效管理不仅仅只与员工的薪酬挂钩，在绩效考评阶段，可以通过对员工的各方面评估，鼓励员工纠正自身问题，弥补欠缺，提高不足，以期待其在未来工作中有更好的表现。

在传统企业管理中，财务数据是评估绩效的考核依据，但当下企业的发展受到外部环境的重要影响，企业已不能单单依据财务数据进行评估，因此改变企业绩效的考核方式成为知识型企业人力资源管理的当务之急。随着我国经济的高速发展，社会环境多元化，企业的生存发展与更多的指标息息相关，只有从多方面对企业进行评估，才能更有效地把握企业当前和未来的发展指标，而这些现代化的考评指标包括经济环境、企业状态、行业背景、发展现状、生产能力、财务状况、客户满意度等。

首先，从企业的生产能力评估企业的基础数据。企业的生产能力是基于社会稳定和企业发展的基础能力，是企业生存的基本条件之一。具有良好的生产能力，才能更好地促进企业的长远发展，而要想获得更高的生产能力，企业就必须对设备的数量和质量进行投资。

其次，从企业的盈利情况评估员工的既得利益。从企业月度或季度的财务数据不难看出，企业的发展是否符合企业的战略目标，并真正实现自身的发展。如果资本在企业中得到灵活有效的运转，股东的利益得到了保证，企业在未来的方向也会更加明晰，而财务数据就在企业绩效指标中起到最直观最有效的作用。一直以来，财务数据也被放在企业中最重要的地位，但随着现代企业管理的发展，企业的发展也不能单单以财务数据为唯一依据。

再次，客户的满意程度是评估企业管理能力的重要指标。企业推出产品或者服务后，顾客是最直观的受众，顾客的体验感与反馈是企业需要重视的地方。通过对顾客对产品和服务的满意程度和使用体验的调查，有利于企业对产品或服务的更新，这便使其更适应市场发展的需求。

最后，企业的学习能力和创新能力是评估企业能否长远发展的重要因素，评估一个企业能否适应激烈的市场竞争，就要看企业是否拥有足够的优秀人才，这些人才是否有足够的学习能力和创新能力，只有自主创新才能使企业树立自身品牌，在竞争中获得不可替代的地位。

3. 人力资源保养与维护创新

人力资源管理的服务范围不仅限于养老保险、医疗保险、工伤保险等一系列国家规定的福利保险，还包括对员工的心理疏导。在企业生产过程中，员工无论是生理还是心理上都会产生疲倦，如腰部、颈部的疼痛、眼睛的酸涩、整个身体的疲劳和乏力，这些身体状况上的不适都会引起员工精神状态上的问题，从而会对其工作效率产生影响。除常见的身体疲劳之外，长时间重复同一种工作而产生的心理疲劳更容易对企业和员工产生不利影响，但员工精神上的疲劳往往得不到企业的重视。企业人力资源管理的缺乏，使企业对员工心理问题不重视，而企业内部劳动组织设立的不合理和对公民心理健康的维护宣传不到位，导致激烈的市场竞争给员工带来更多的压力。

知识型企业如果想对人力资源管理进行创新，就必须注重员工的生理和心理健康，因此需要做到以下几点：第一，将对企业员工的心理健康维护形成条文，定期对企业员工的心理状况进行检查；第二，对企业相关管理制度进行规范，加强对员工劳动时间和休息时间的管理，让员工在工作的同时得到充分的休息；第三，加强对心理健康的宣传，呼吁员工对自身健康的重视，提升员工在工作中的安全意识，保证员工有一个健康的体魄。健康的身体和心理是员工积极工作的基础，只有有了健康的心灵和体魄才能保证企业的长久发展。

4. 管理方式与方法的创新

在当今社会环境下，企业面临各个方面的竞争，其中经济竞争、文化竞争、品牌竞争、市场竞争、人才竞争这几个方面最为强烈。知识型企业的外部竞争往往推动了其内部竞争的发展，促使企业提高对产品质量和服务理念的要求，以增强自身核心竞争力。当下企业核心的竞争是人才的竞争，知识型企业人力资源管理只有形成良性的管理方法并在多方面进行创新，才能使企业在竞争中占据先机。

第一，对企业文化进行创新。创新是知识型企业人力资源管理的必备前提，更是推动企业发展的不懈动力和强有力保障。随着互联网浪潮的不断发展，很多传统企业的发展也走入了新的模式，如服装行业通过网络进行售卖，餐饮行业依托网络进行送餐，家装行业通过网络进行设计图的规划，传统行业通过互联网又焕发出新的生机和活力，这些发展是人们可以通过数据发现的，通过生活感受到的，而网络对于人力资源的发展更具有深层次的意义。知识型企业发展的先决条件是文化的创新，而文化创新更是企业招聘人才的首要条件。知识型人才往往受过高等教育，有良好的自身素质和自控能力，他们的思维更具有创新意识，他们有更专业的眼光和更强的工作能力，他们敢于为企业开疆破土、敢于承担领导的岗位和责任，怎样维护知识型人才并使他们在企业中发挥最大效益，是当今所有企业思考的问题之一。知识型企业应致力于为知识型人才打造一个充满激情和创新精神的工作氛围，为他们提供良好的工作环境和竞争空间，并开通公平的晋升通道，使他们能够参与到企业的管理中来，并愿意为企业奉献自身，使自身价值与企业发展目标相结合，这样才能实现个人与企业的双赢。

第二，增加人力资源管理中的知识性。知识型企业在管理过程中，可向所有员工咨询发展意见，聚集集体的智慧。实现知识性管理：首先，要给员工提供良好的知识培训平台，使企业员工的知识能够共同分享；其次，要鼓励员工进行创新，敢于打破传统做法，以新的手段推动企业的发展；最后，人力资源在管理过程中必须对人员的发展进行规划，重视对人员的知识储备，促进个人和企业的发展，达到双赢的效果。

第三，提高人力资源的管理质量和管理效率，使员工在竞争中发挥自身的主动性和积极性，这就需要应用分层竞争法。分层竞争可以划分为横向竞争和纵向竞争两大板块。横向竞争是员工之间在企业内部的竞争，如工作表现、服务态度、学习能力、协作能为，使员工的薪酬绩效与这些非直观的数据进行挂钩，而纵向竞争就是各个部门之间在提升业绩方面所做的竞争，并可以提出相应的竞赛管理指标，对同类型部门之间的团队合作能力、创新能力、提升潜力、客户满意度等进行比较，使员工发现相互之间的优势和自身的不足，取长补短，提升自身能力。分层竞争法在实施过程中应该做到根据企业的不同方向提出不同的竞争办法，同时企业的分层竞争法应该覆盖到企业内部的每一位员工，而每一个层次的部门员工所使用的竞争办法也应该根据实际情况有所不同，不能整个企业以一套竞争办法为标准，而在人力资源部门制定分层竞争法的同时，需要咨询员工意见，使考核办法建立在可以实施、可以执行的基础上。分层竞争能够在多方面对企业人力资源管理进行提升，最重要的是能够提升人力资源管理的效率，可以将相关算法引入计算机系统，借助计算机对员工的绩效考核进行核算，以提高人力资源管理者的工作效率，得出更为科学的结论。同时，分层竞争改变了传统人力资源中对不同人才的笼统性评判，多层次、多元化地从各个角度帮助人力资源管理者发掘员工的不足和潜力，提高了员工的业务能力和创新能力。分层竞争还能使企业在国内和国际竞争中处于不败之地，但分层竞争也会造成企业内部员工压力过大，从而引发恶性竞争，因此知识型企业在采用分层竞争的同时，也要对其不断优化，与时俱进。

参考文献

［1］廖鸿，石国亮，蔡波毅．社会组织人力资源开发与管理［M］．北京：中央编译出版社，2017.01.

［2］田凤娟，曹圣伟，蒯彦博．旅游人力资源开发与管理研究［M］．北京：北京工业大学出版社，2017.11.

［3］李旭穗，倪春丽．人力资源开发与管理项目化教程［M］．广州：华南理工大学出版社，2017.11.

［4］林新奇．国际人力资源管理［M］．上海：复旦大学出版社，2017.11.

［5］齐义山，谢丽丽．人力资源管理［M］．西安：西安电子科技大学出版社，2017.08.

［6］姚裕群．人力资源管理概论·原理·环境·操作［M］．沈阳：东北财经大学出版社，2017.07.

［7］钟凯．人力资源管理实务［M］．北京：北京理工大学出版社，2017.08.

［8］孙宝连．企业人力资源开发与管理研究［M］．北京：北京工业大学出版社，2018.12.

［9］胡君辰．人力资源开发与管理［M］．上海：复旦大学出版社，2018.07.

［10］滕玉成，于萍．公共部门人力资源管理［M］．上海：复旦大学出版社，2018.12.

［11］胡羚燕．跨文化人力资源管理［M］．武汉：武汉大学出版社，2018.09.

［12］吕菊芳．人力资源管理［M］．武汉：武汉大学出版社，2018.02.

［13］王和平，秦一文．旅游人力资源开发与管理研究［M］．吉林出版集团股份有限公司，2019.07.

［14］曹科岩．人力资源管理［M］．北京：商务印书馆，2019.06.

［15］蔡黛沙，袁东兵，高胜寒．人力资源管理［M］．北京：国家行政学院出版社，2019.01.

［16］田斌．人力资源管理［M］．成都：西南交通大学出版社，2019.11.

［17］祁雄，刘雪飞，肖东．人力资源管理实务［M］．北京：北京理工大学出版社，

2019.08.

[18] 周艳丽，谢启，丁功慈．企业管理与人力资源战略研究［M］．长春：吉林人民出版社，2019.08.

[19] 闫培林．人力资源管理模式的发展与创新研究［M］．南昌：江西高校出版社，2019.10.

[20] 陈昭清．现代企业人力资源管理研究［M］．北京：中国商务出版社，2019.08.

[21] 赵继新，魏秀丽，郑强国．人力资源管理［M］．北京：北京交通大学出版社，2020.06.

[22] 李燕萍，李锡元．人力资源管理·第3版［M］．武汉：武汉大学出版社，2020.12.

[23] 黄建春．人力资源管理概论［M］．重庆：重庆大学出版社，2020.08.

[24] 王文军．人力资源培训与开发［M］．长春：吉林科学技术出版社，2020.04.

[25] 尹秀美．人力资源管理新模式［M］．北京：中国铁道出版社，2020.05.

[26] 杨宗岳，吴明春．人力资源管理必备制度与表格典范［M］．北京：企业管理出版社，2020.06.

[27] 宋岩，彭春凤，臧义升．人力资源管理［M］．武汉：华中师范大学出版社，2020.09.

[28] 潘颖，周洁，付红梅．人力资源管理［M］．成都：电子科技大学出版社，2020.04.

[29] 张景亮．新时代背景下企业人力资源管理研究［M］．长春：吉林科学技术出版社，2020.04.

[30] 叶晟婷，孔冬．企业人力资源管理操作实务·本土企业人力资源管理之道与术［M］．上海：上海财经大学出版社，2021.03.

[31] 郎虎，王晓燕，吕佳．人力资源管理探索与实践［M］．吉林人民出版社，2021.07.

[32] 李蕾，全超，江朝虎．企业管理与人力资源建设发展［M］．长春：吉林人民出版社，2021.06.